成年人的世界裡，誰不是帶著傷口奔跑

那些殺不死你的，都會讓你更堅強

走出情緒黑洞的練習課 暢銷新裝版

作者—李世強

U0070039

前　言

「我晚上總是睡不著，被很多心煩的事搞得徹夜難眠，很想把這些忘記，卻仍然無法忘掉。第二天起床後，頭總是昏昏沉沉的，一整天都在混沌中度過。這樣周而復始，我感覺自己快被折磨到瘋了。」

「最近總覺得身體不舒服，上網一查，我好像是得了某種癌症，我該怎麼辦？我是不是快要死了？」

「我對自己失望透頂。大家都說三十而立，而我已過了三十歲，仍然一事無成。沒有房子、車子，公司的升遷也沒有我的份，也沒有對象。同學和朋友們都已經事業有成、家庭美滿。我的人生是不是很失敗？」

對於這樣的話題，你是否很熟悉？在我們的身邊總會聽到類似的問題，或者自己也有過類似的煩惱吧？人生在世，沒有誰能過得一帆風順，沒有誰能在前面的道路上暢通無阻。在人生這條道路上，總是會佈滿荊棘，會有無數的歡樂與痛苦，也會有無數次的成功與失敗。人們往往幻想自己未來的路充滿鳥語花香、陽光明媚，但現實往往會給幻想重重的一擊，把它打得支離破碎。

那麼，當我們在現實中遇到了挫折、被困難擊倒、被他人嘲笑、失去了信心後，應該怎麼辦呢？難道就放任這種情緒不斷蔓延，在往後的歲月就只能將就度過嗎？當然不可能，我們要做的事情，就是治癒被擊垮的信心，從困難中站起來、從失敗中吸取教訓，然後再次奮鬥。唯有一次次地在創傷中培養良好的自癒能力，我們才會變得更加強大。

　　對我們來說，最值得驕傲的事，是我們曾經在跌倒後勇敢地爬起來。要知道，正是因為不斷的失敗，人們才能學會反省和進步，才能真正學到本領、變得堅強。在創傷後一次次自癒，失敗的教訓將成為寶貴經驗，幫我們找到通往成功的方向。

　　偉大的文學家雨果曾說：「**盡可能少犯錯誤，這是做人的準則，不犯錯誤，那是天使的夢想。**」金無足赤，人無完人。無論是偉人還是普通人，都會有犯錯的時候，而且在犯錯後都會「受傷」，但我們要正視錯誤，正視在磨難中所受的「傷」，在不斷的失敗與挫折中反思，讓自己獲得成長，讓自己不斷自癒。可以說，失敗是成功的開始。

對於在失敗中造成的創傷，有的人只是一昧地去掩蓋、逃避，而有的人卻能去面對、去解決、去找方法讓傷口癒合。當你有一顆勇於承擔錯誤的心，並能在失敗中反省自己的時候，你就已經找到了治癒「創傷」的方法。

　　一時的失敗並不意味著永遠的失敗，一時的成功也不意味著永遠的成功。人生若太過順利，只會削弱人們的鬥志，麻痺人們的思想；而挫折與失敗卻能啟動人們越戰越勇的熱情，進而不斷積累經驗，讓我們更加接近成功。所以，不要害怕失敗和挫折，更不要害怕因為這些所造成的創傷，學會積極尋找方法，讓這些創傷在自癒後成為你更加堅固的「盔甲」。

目 錄
CONTENTS

第一章
成年人的世界裡，誰不是帶著傷口奔跑

第四章
沒有人，在前進的道路上不經歷苦難

第五章
你已經幸福，只是你從來沒有發現

第六章
遠離傷害，敏感的你需要一點鈍感力

第七章
不抱怨，大方地擁抱這個世界

第八章
你所謂的焦慮，不過是對未來的一種恐懼

第九章
遠離受害者心態，走出心裡的陰霾

第一章 ——————————————————————

成年人的世界裡，
誰不是帶著傷口奔跑

有人說，人生短短幾十年，即便拼盡全力，也只是平凡地度過一生。既然如此，又何必如此努力拼命呢？雖然生命是短暫的，但平凡並不等同於平庸。我們可以認為自己是平凡的，卻不能就認為自己是平庸的。因為我們都是平凡的個體，平凡與普通並不妨礙我們變得更加的出色。但從普通變到卓越超群、從平凡變到出類拔萃的過程中，必定會經歷很多艱難，如果我們遭遇到艱難只是一昧地抱怨人生、抱怨生活，人生必定會很糟糕。只有心向陽光，樂觀地對待所有的艱難與阻礙，才能成就我們不平凡的人生。

在人生的舞臺，演繹出不同的角色

世界是一個繁華而又蕭條的舞臺，我們每個人都是舞臺上的演員，演繹著各種不同角色的生活。我們既然已來到這個世界，登上了這個舞臺，何不完成自己的使命，認真地對待這場演出呢？只有義不容辭地走下去，才無愧於我們的人生。哪怕在扮演這齣戲時困難重重，但這又何妨？如果這部戲平淡無奇，那豈不愧對這個舞臺。

遇到困境時，有的人抱持著信心，並採取行動突破困境；有的人畏縮不前，對前景憂心忡忡。那麼到最後，哪一種人能屹立時代浪頭上，成為眾人矚目的焦點呢？答案當然是前者。

努力了不一定成功，但不努力一定不會成功。其實，面對困境的態度，同樣是考驗我們是否肯努力、是否在努力、是否真正的努力。

智者告訴我們：「人可以透過改變自己的心態，去改變自己的人生。」換句話說，我們有什麼樣的心態，就會有什麼樣的生活方式，就會有什麼樣的心情。只有擁有好的心態，才會有好的心情；有了好的心情，就會用心做好每一件事。

什麼叫做好的心態呢？簡單來說，就是正確認識人生、認識自己。生活是不可能永遠按照我們的想法去進行的，有時候往往與其背

道而馳，但這就是生活。所以，好的心態就是不應該以自己為生活的中心，而是要接受現實、改變自己。只有這樣，我們才能享受生活，感受幸福。

我有一個妹妹，四年前畢業後，來到一家規模較大的房地產公司工作。她從業務員做到了業務經理，每一季的業績都是全公司的前三名。

由於她出色的表現，深得老闆的器重，同事們若遇到難搞的客戶，也都會求助於她，大家都很信任她，使她在公司的人氣很高。

在她看來，這一季的區經理人選非她莫屬了。她公司的人事升遷制度是透過內部升遷，按業績和綜合績效排名擇優挑選。也就是說，她現在的級別是業務經理，如果順利的話，依照她的業績，這一季她就可以升任為區經理了。

因此，自從即將升遷的消息傳出來之後，她就感覺同事們都在刻意的奉承、巴結她，她自己對此也有些揚揚得意，畢竟還不到30歲，如果能做到區經理，在這家公司還真是破天荒的事。

很快，人事部通知她領取業績考核單，並且請她確認一下業績資料。看來，馬上就要宣佈任職通知了，想到這裡她不禁心花怒放。

可是讓所有人跌破眼鏡的是，升任區經理的居然是另一個人，大家都不明白她為什麼落選了。得到這個消息後，她的情緒開始急轉直下，強烈的挫敗感讓她覺得難以在這家公司工作下去。雖然我安慰和開導了她很久，但是效果也是甚微。

她在工作方面的能力很優秀，可是就因為習慣了這種優秀，讓她

難以接受出乎意料的挫敗。

　　但是我們想想看，在生活中這種事不是很常見嗎？很多事情看起來是理所當然的，於是人們就理直氣壯地去主觀臆測，然後按照自己主觀的想法去行事。這樣做的結果往往到最後產生出乎意料的情形，事情沒有按照自己預設的方向發展，甚至是朝著相反的方向發生了。這時候，大多數人都是無法坦然接受這樣的事實，於是就影響了自己原本的積極心態。

　　其實，在現實生活中沒有所謂的「想當然」的事情，每個人的人生都有很多的路要走，但不管你走的是哪一條路，困難、艱苦與其他意想不到的局面都可能會出現，不會是我們想像中的那樣平坦順利。

　　因此，我們不能對生活下什麼結論，不能把自己置於一個安穩的想像環境下，更重要的是也不必隨便轉換跑道或臨陣脫逃，唯有堅持下去，才能建立起信心，獲得最後的勝利。假如在一件事情上我們已經付出了很多努力，那麼即使遇到困境，即使暫時的結果和我們的想像大相逕庭，我們也不應輕易放棄，而是要坦然面對。只有這樣，我們才不會前功盡棄，才不會在黎明前的黑暗中倒下。

你所認為的悲慘，只是生活中的考驗

　　小時候，我們會羨慕「別人家的小孩」；長大以後，我們羨慕「別人家的老公」、「別人家的孩子」，殊不知，其實我們自己也有可能是別人眼中的幸福者。誰的生活不是一團亂？誰的人生不是充滿困頓？其實，從來沒有天生的強者，更沒有毫無弱點的強者。很多時候，強者之所以能夠成為強者，並不是他與生俱來的本領與天賦，而是後天得到的感悟和磨練出的能力。

　　一代球王貝利在剛剛進入巴西最有名的桑托斯足球隊的時候，他害怕那些大明星球員會看不起他，竟然緊張得一夜未眠。其實，他本來是球場上的佼佼者，卻因為無端地懷疑自己而對他人產生莫名的恐懼，進而影響了自己真正的實力。後來，貝利認清自己的問題，設法讓自己在球場上忘掉自我，只專注踢球，終於發揮出自己應有的實力，之後更是以銳不可擋之勢踢進了1000多個球。

　　球王貝利的經歷告訴我們：**人生所謂最大的敵人，只有我們自己**。而在這過程中，因為懷疑自己、貶低自己而產生的自卑情緒，是我們邁向成功的最大阻礙。因此，千萬不要無端地懷疑自己，那些成功者其實也是凡人之軀，也是透過自己的努力達到了一定的高

度，並沒有你想像中的那麼不可超越。只要相信自己，勇往直前、付諸行動，我們就能更上一層樓。

我們總是不喜歡用自己能夠達到的標準和高度來衡量自己，而是喜歡用別人的理想標準來與自己比較，經常認為「我應該要這樣」、「我要是能夠像某人一樣就好了」等等。實際上這些看似美好、更高的追求，脫離了你能夠達到的實際高度，只會給你帶來更多的煩惱和自卑，讓你感到更加憂鬱。因為這些負面情緒產生的自卑、消極情緒，才是阻礙我們成為更好的自己的最大原因。

其實，即便是流傳千古的歷史名人，他們也曾有各自的煩惱和缺陷。就像達爾文、濟慈、康得、拜倫、培根、亞裡士多德等等，研讀他們的生平傳記，簡直就是一部與自我缺陷抗爭的奮鬥史。然後你會明白，所謂的人生苦難是生而為人，所有人都會有的經歷。這些偉人之所以能夠有這樣的高尚品格與傳奇的一生，也都是因為他們勇於面對個人缺陷並進行奮鬥與改善。

我們總說上帝是公平的，給你關上一扇門的同時，一定會給你另外打開一扇窗。這並不是沒有道理的，像亞歷山大、拿破崙、納爾遜，就是因為出生的時候身材矮小，所以立志要在軍事上獲得輝煌的成就；而像蘇格拉底、伏爾泰，就是因為覺得自己相貌醜陋，因而在思想上努力不懈而大放異彩，成為傳世的名人。

實際上，每個人的生活都有各自的困難與阻礙，很多你所羨慕的「別人的生活」，也只是看起來很美好而已。面對分離、面對熬夜加班、面對生活中的一些雞毛蒜皮的鳥事，你選擇了焦慮，選擇

了抱怨，唯獨忘了擁抱寬容與改變。直到最後，這些小小的不開心累積久了，匯成了一股來勢洶洶的負能量，讓你瀕臨崩潰。其實只要你抬頭看看周圍，問問身邊的人，你會發現其實每個人都有各自的困難要面對。欲戴王冠，必承其重，**其實我們誰都不比誰容易多少，看似光鮮亮麗的表面，其實不過是咬緊牙關努力撐來的**。生活中的我們，不管處在什麼階段，總是在經歷著各種苦楚與磨難。因此，很多你所認為的悲慘，實際上只是生活中的正常考驗而已。

　　當你感到快支撐不下去的時候，想想曾經經歷的幸福和美好。無數次地重新嘗試之後，你會發現，其實只要我們的心臟仍在跳動，真的沒有什麼大不了的。面對一時的打擊與磨難，我們可以選擇小小的發牢騷，可以選擇在親人面前撒嬌，但是抱怨過後，請儘快爬起來，在一次次摸滾打爬中為自己打造一副堅硬的盔甲，越挫越勇。

　　這個世界就是這樣，努力不一定會有回報，但是不努力，就一定不會有回報。因此請你記住，坦然面對苦難，放大生活中的歡樂，是我們順利度過人生逆境的良方。**別人的生活中有你羨慕的歡樂，也有你承受不來的傷痛，做好自己**，過好屬於自己的每一天，你在這一刻遭遇的困難，或許也是別人的常態。

換一個角度思考，從陰影裡走出來

「你不能延長生命的長度，但你可以拓寬它的寬度；你不能改變天氣，但你可以左右自己的心情；你不能控制環境，但你可以調整自己的心態。」我們的生活並不是一無是處，拋開負能量的一面，就能換種心情，換另一種生活方式。

小雲是個平凡的女人，她性格內向，不擅長表達，穿著也很樸素。但她有一手好廚藝，還有一個踏實的老公和一個爭氣的兒子。在公司裡，很多女同事都很羨慕她。但小雲卻不覺得自己幸福，她的內心總是感到不安和焦慮，還時常被悲傷和憂鬱的情緒籠罩。

有一天，小雲和好朋友滾敏敏閒聊訴苦說：「老公雖然對我不錯，但他是在鄉下長大的，家裡條件也不好，工作能力也普通。兒子雖然考上了知名大學，但學費也不便宜啊，生活本來就拮据了，現在更是什麼都捨不得買了。而且房價這麼高，以後孩子畢業要娶老婆時，我們哪有錢辦婚禮和幫他買房啊……。」

敏敏聽完小雲的訴苦，耐心地勸她：「你不要這麼悲觀，你現在所擔心的事還沒有發生，何必杞人憂天？不妨換個角度來看，你

老公對這個家這麼用心，雖然錢賺的不多，但比很多有錢但卻會外遇的男人好很多了！你兒子考上了好的大學，雖然學費貴，但畢業後不用擔心就業問題，容易找到好工作，到時候他一定會賺錢來孝順你們的，根本不需要你擔心。你們現在雖然錢不多，但也比很多家庭好多了，至少有工作、有美滿的家庭，這不就是幸福的生活嗎？」

小雲聽了楊敏的勸告，臉上露出了會心的微笑，她感覺一下子輕鬆了很多。

生活中明明遭遇同樣不順心的事，有些人能夠坦然對待，永遠保持樂觀正向的心情，但有些人卻整日焦慮、鬱鬱寡歡、鑽牛角尖。換個角度看問題，無論再怎麼辛苦，但「塞翁失馬，焉知非福」。換個角度看待問題，在跨出困境的同時，也許就能得到柳暗花明的改變，那時你會覺得原來一切都沒有想像中那麼困難。

以後無論遇到任何難題，對你而言都不會是問題，人生若能如此灑脫、悠哉那就好了。以下三點讓我們一起努力吧！

1. 讓自己的心淡然一些

讓自己的內心淡然一些，不要總是一心想著自己付出了很多，回報卻很少。把這些得失的心態看淡一些，讓自己內心平和坦然一些。換個角度看事情，換個位置看問題，很多是非榮辱就會成為過眼雲煙，你就能很好地控制自己的情緒了。

2. 希望，要時刻留在心裡

無論自己身陷什麼樣的逆境，都不應該感到絕望，我們還有許多個明天。只要未來有希望，人的意志就不會被擊垮，前途比現實重要，希望比當下重要，所以人生不能沒有希望。

3. 在生活中激發不同的思考方式

平時你可以選擇做一些自己喜歡的事。可以去健身，在運動時轉換自己的思維；休假時你可以離開喧囂的城市，多親近大自然，享受陽光，這也是能轉換思維的方式。從緊張的工作和生活中放鬆一下，藉由放空的機會重新思考。

小小的勇氣，也能改變我們的人生

說到勇氣，很多人都誤會了，誤以為自己必須在任何時候都要勇往直前，才能算是有勇氣的人。事實上，在現今的和平年代，勇氣就是指我們雖然害怕，但能突破內心的囚牢，依然朝著正確的方向前行。

現實生活中，讓人心生恐懼的事情太多了。我們害怕處理不好身邊的人際關係，因而容易招人怨恨；我們害怕自己選擇的工作沒有前景，最終落得一場空；我們害怕命運多舛，無法事事順心如意；我們害怕人生苦短，來不及做很多事情……等等。

人生，的確有著太多的未知和危機，但是這一切都不能成為我們害怕和擔憂的理由。如果我們喪失勇氣，就會失去對命運的掌控和把握，導致我們沉淪下去，沒有任何扭轉命運的機會。所以，不管人生的路上即將面對什麼，都讓我們鼓起勇氣勇敢前行吧。假如我們與生俱來就很幸運地富有勇氣，那麼我們的人生必然充滿激情和張力；如果我們生而膽小怯懦，那麼就讓我們的人生保持淡定平和，練習在人生的磨練中得到勇氣吧！

　　作為某保險公司的董事長，劉大偉同時還經營著另外一家公司。他從小家庭貧困，完全是靠自己努力奮鬥，才得到了今天的成就。早在還是孩子時，劉大偉就極具商業頭腦。其實，與其說他具備商業頭腦，不如說是生活逼迫他這個窮人的孩子，不得不提早面對現實。他先是送報紙，後來又從事過很多低層的工作，當然也受過不少不公平的對待。直到18歲那年，劉大偉走入一棟大樓，成為一名業務員，正式開始保險推銷生涯。在無數次陌生拜訪中，青澀的劉大偉都表現出與年齡不相符的成熟與老練，面對一次次的拒絕和白眼，他都覺得是家常便飯。因此，他成為整個保險公司，抗壓性最強的業務員，同時他也是全公司最勤奮的業務員。進入公司沒多久，他就憑著跑斷腿、磨破鞋底的精神，推銷了好幾份保險。儘管保單金額不高，但是對於新人來說已是不容易。

　　後來，劉大偉在保險的路上越走越長遠，最終成立了屬於自己的營業據點，每個月業績都在公司裡名列前茅。因為擁有勇氣，劉大偉成就了自己不俗的人生。但是如果連這點勇氣都沒有的話，他將會在窮困潦倒的生活中沉淪。

　　朋友們，不要覺得勇氣要多麼感天動地。只要我們有心，能夠抓住生活中的契機，哪怕是小小的勇氣，都能改變我們的人生軌跡，讓我們的人生變得更加精彩。其實，成功和失敗之間只隔著一扇門，這扇門有的時候是完全關閉的，需要我們想方設法才能打開，有的時候卻是虛掩著的，輕輕一推就能打開。但是前提是，我

們必須走到這扇門前，才有機會探索這扇門。

　　我們距離成功只隔著小小的勇氣，從現在開始，就讓我們鼓起勇氣，勇敢地推開我們與成功之間的那扇門吧。無論結果如何，我們都要坦然面對，哪怕之後面對失敗，我們也無怨無悔。畢竟，沒有勇敢地的邁開這一步，我們離成功永遠非常遙遠。

你越努力，人生就越幸運

有人說，人生短短幾十年，即便拼盡全力，也只是平凡地度過一生。既然如此，又何必如此拼命呢？雖然生命是短暫的，但平凡並不等同於平庸。我們可以認為自己是平凡的，卻不能就認為自己是平庸的。因為我們都是平凡的個體，平凡與普通並不妨礙我們變得更加的出色。但從普通變到卓越超群、從平凡變到出類拔萃的過程中，必定會經歷很多艱難，如果我們遭遇到艱難只是一昧地抱怨人生、抱怨生活，人生必定會很糟糕。只有心向陽光，樂觀地對待所有的艱難與阻礙，才能成就我們不平凡的人生。

沒有任何人的優秀品質是與生俱來的，成功也從來不是坐等天上掉下來。根據美國財經報導對美國最為成功、排名前6位的富豪調查顯示：他們平均每週的工作時間都高達56個小時，而排在首位的比爾·蓋茲，他的工作時間更是高達80個小時。他們已經足夠優秀，卻還在不斷努力。這其中的原因，我想可以用松下幸之助在接受採訪時的回答解釋：「在我小時候當學徒的7年時間裡，由於老闆的教導，我不得不勤勉學習，那時候感覺很辛苦，每天只想要早點結束。但是後來我才發現，我在這7年的時間裡不知不覺養成

了勤勉工作的習慣，這卻是我受用一生的最好收穫。」越是努力的人，在品嘗到努力帶來的美好結果之後，總是更加的努力，繼而努力就會帶來好運。

　　S從小出生在貧窮的家庭，十幾歲的時候，因為家裡太窮而遺憾輟學了。雖然S沒有機會繼續升學，但卻很喜歡讀書。在他輟學那一年，他的父親買了一本《新華字典》給他，希望他能夠靠自己認識更多的字。

　　由於沒有什麼學歷，剛剛出來打工的S生活得很辛苦。他做過洗車工，也做過洗碗工，幾乎沒有S沒有做過的粗活。後來，S去了一個建築工地當起了搬磚工人。起初的S只是想要賺取穩定的工資度日，直到有一天，S遇到一位令他心動的女孩，他開始思考他的未來。S說：「我可不想以後讓我心愛的女人跟我一樣住在工地宿舍裡，還有我的小孩，我不能讓他跟我一樣讀不了書。」有了新目標的S開始奮發圖強，他看到前來視察的設計師，穿得西裝筆挺，他心中想要成為那個樣子。

　　於是，當其他工人都在抱怨工資低、工作卻很多，因而消極怠工的時候，S卻選擇了積極地主動工作。S的目的很簡單，要成為工作最勤奮的一名工人，藉此獲得上司的注意，自己才能有機會得到晉升。日復一日，S白天都在努力揮汗工作，並且默默記下所有相關的建築知識。到了晚上，當其他工人都在喝酒聊天的時候，S就抓緊時間看書。

　　有一天，總公司的經理到工地來視察，剛好看到了正在認真看

書的S。經理問他：「你為何看這類書？」S回答：「我想要多學點
跟建築相關的知識，我想您的公司應該不缺工人，但缺少能夠懂得
建築知識的人才。希望有一天，我能夠為您發揮出更大的作用。」
經理聽了S的話，沒說什麼就走了。

　　過了一個月，經理將S叫過去談。經理被S的勤奮努力所感動，
破例將S提升為建築工地的安全主任。之後，S更是憑藉著踏實努力
的勤奮工作，一步步獲得了晉升。最終，S成為了這家建築公司的
總經理，當時他年僅35歲。

　　人生就是這樣，越努力就越幸運。或許我們每個人都想要讓自
己變得更加優秀，卻不懂得掌握讓自己變得更優秀的方法。我們總
是把別人的優秀當成自己的目標，卻忘了他們在變得優秀之前，也
曾走過一段艱辛的旅程。工作時，總會有那麼一群人，他們不管自
己擅長與否，只會先要求薪資是否合適，隨隨便便地找一份工作，
只要待遇比原本的工作好，就會立刻選擇跳槽。經歷了幾年以後，
A公司待幾年、B公司待幾年，似乎什麼都略懂一點，最後卻發現
自己什麼都不精通。最終，遇到工作瓶頸，不僅沒有什麼傲人的工
作實績能夠為自己增加籌碼，反而淪落到被社會淘汰的地步。

　　每個成功者在成功之前總是要經歷一段漫長的煎熬，在這煎熬
的過程中，我們需要尋找到自己真正的優點，並將這優點轉變為自
己的最佳踏板，才有可能得到好的成果。**僅僅依靠努力奮鬥是不足
以成就燦爛人生的，因為努力並不是取得成功的唯一方式。除了努**

力奮鬥以外，我們還需要懂得把握出現的每一個機會，學會在平凡中忍耐，堅信人生必定是越努力就越幸運。

放大快樂，治癒受傷的心靈

不知在何處看到過這樣一句話：讀喜歡的書，愛喜歡的人，如此簡單而美好。像午後窗欄下，慢慢呈現於畫布上的幽蘭，兩三筆、幾頁紙，甚是簡潔，甚是美好。又或像閑坐躺椅以書蓋臉，打個盹、做個夢。夢醒了，夢裡情景已模糊，但也無妨。

我們常常覺得勞累、痛苦與焦慮，抱怨和牢騷不經意間佔據了我們的心靈，讓我們的負面情緒越積越多，最終難以自拔。其中固然有世事變化無常的原因，但更重要的一個原因就是，我們放大了痛苦與焦慮。很多時候，我們的痛苦被放大了，因此抱怨越來越多，心情也越來越糟糕。

古時候，兩個同村的秀才一起趕赴京城參加科舉考試，兩人在一個小店租了一間屋子同住。就在考試的前一天晚上，這家店被小偷洗劫了。這兩個秀才也沒有倖免，他們身上的錢財以及包袱裡的衣物都被偷走，他們可說是一無所有了。

面對這種打擊，兩個秀才卻有不同的心態。A秀才想：這也許

是上天對我的一次重大考驗吧，或許這次我就能考上。這樣想之後，他把錢財、衣服被偷的事情拋到腦後，安心地睡了一覺，第二天精神抖擻地走進考場，結果金榜題名。

B秀才則是想：這下子全完了，要是這次沒有考上，又沒有錢，該怎麼回家呢？怎麼面對父老鄉親呢？他不斷地抱怨著，整晚都在想這些事情，第二天心事重重地走進考場，結果名落孫山。

A秀才之所以能金榜題名，最重要的原因就是他樂觀的心態，這使他能縮小痛苦、放大快樂。反之，B秀才之所以榜上無名是因為他心事重重，憑空增加了心理負擔、放大了痛苦，自然就名落孫山。

在上班路上，遇到了堵車可能會遲到，這是一件很普通的事情。可是，有的人偏偏喜歡無限聯想：遲到了不僅會被主管唸，而且還會扣獎金，影響到年終考核，甚至影響晉升……等，一直不斷往壞處想，可以想像這種人活得有多麼辛苦。

選擇了放大痛苦，那麼痛苦就會佔據你的視野，你的壞情緒也就會隨之放大。

孩子感冒了，擔心的母親看著孩子，焦急地想：孩子的學習肯定會被擔誤，也許會影響期末成績、也許會影響升學、也許會影響就業……等。在她看來，一場病就會擔誤孩子的一生，這種「破壞性」的聯想實在要不得。

盧梭說過：「除了身體的痛苦和良心的責備以外，一切痛苦都

是想像出來的。」有時候，那些讓人傷心、痛苦、焦慮的事情並沒有那麼嚴重，只不過有些人喜歡瞎操心，因此「想像」出很多痛苦。

心理學家曾做過一個有趣的實驗，研究人們常常擔心的問題。心理學家要求實驗者在週末晚上，將未來一周內所有可能的擔心和煩惱都寫下來，然後投入一個指定的「煩惱箱」裡。三個星期之後，心理學家打開了這個「煩惱箱」，經過確認後發現，很多人的煩惱並沒有出現在生活中。由此看出，煩惱是人們自找的。

放大痛苦的人愛抱怨，因為他們沒有正視現實的壓力。苦惱常常由生活中一些我們不願面對的現實壓力、心理衝突而產生，如婚姻中的矛盾、工作中的壓力、人際關係的衝突等。人們由於一時束手無策，所以產生了抱怨心理。我們要做的是學會正視它們，並及時解決它們。

放大快樂，就是珍惜眼前的每一個小小的快樂。清晨起床，拉開窗簾，看到的是好天氣；上下班時沒有堵車；工作的時候被主管表揚了一句；獎金增加了500元等等，這些都是值得我們快樂的理由，是我們生活中的小確幸。

一個人的快樂程度，並非由他擁有多少財富來決定，而是取決於他看待生活的方式。一個悲觀的人，即使家財萬貫也會每日忐忑不安；而一個樂觀的人，即使收入有限也能享受平凡的樂趣。縮小痛苦、放大快樂，這就是我們要選擇的生活態度。即便人生有些許遺憾，但它仍會是美麗和精彩的。

再昂貴的物品，若不適合你也只是裝飾品

　　每個人在社會中都有自己的角色，都有自己適合的工作，從事不適合的工作只會讓自己徒增煩惱。

　　很久以前，有一隻烏鴉非常羨慕在高空中翱翔的老鷹，很想像老鷹一樣來一個漂亮的俯衝，抓住草地上的小羊。於是，烏鴉天天模仿老鷹的動作拼命練習。過了很多天，烏鴉覺得自己已經練得很好了，就從樹上猛地沖下來，撲到一隻山羊的背上，想完成像老鷹那般完美的動作。但是，由於烏鴉太輕，根本無法抓起山羊，爪子也不小心被山羊身上的毛纏住了，牠拼命地拍打翅膀，想要從山羊的背上逃脫，卻失敗了。前來趕羊的牧羊人看見了，把烏鴉抓回去。烏鴉不但沒能像老鷹那樣抓住小羊，反而把自己的性命交到別人的手裡，烏鴉的盲目模仿導致了一場悲劇。

　　只要有常識的人都知道，俯衝抓羊的動作只適合老鷹，卻不適合烏鴉。這隻可憐的烏鴉卻以為自己能成為一隻像老鷹的烏鴉，簡直荒唐可笑。在一笑而過後，你是否有那麼幾秒鐘的頓悟，是不是

也在這隻烏鴉身上，看到了自己某個時候的影子？曾幾何時，你是不是也像這隻烏鴉一樣，看到了別人的成就，就盲目地跟從，做了不適合自己的事呢？

就像買鞋子或買衣服時一樣，36號的腳就只能穿36號的鞋，高大的身材不能穿小號的衣服，一定要挑選適合自己的尺碼才舒適。即使是再昂貴、再精緻的東西，若不適合你也只能當作擺設，它本身的價值也就無法展現。

一個人若總是在將就與勉強中度日，那是一件多麼痛苦的事。你選擇了不適合自己的路，就像穿上了不合腳的鞋走路一樣，想必將會異常艱辛，甚至會把自己陷入無法自拔的沼澤。

合適，對我們來說太重要了。在感情中，我們要找到適合的伴侶，才能一起營造幸福；職涯裡，要找到適合的工作，這樣才有堅持下去的動力；生活中，要找到適合的人生方向，這樣短暫的一生才不會感到遺憾。

很多時候，也許你的「適合」得不到身邊親友的支援，甚至會遭到強烈反對。但若你覺得那是最適合你的，請一定要堅持，只有堅持才能讓時間證明你是正確的。你要是因為得不到認可就委屈放棄，最後一定不會只是遺憾那麼簡單。能對自己的人生負責的只有自己，除了自己，沒有人會為你的錯誤買單，連最親近的人也不能。我們在聽取別人意見的同時，更應該問問自己，這適合我嗎？當然，你堅持自己的選擇的前提：這必須是你經過深思熟慮後確定適合自己的。

李晨輝在政府公家單位工作了好幾年，最後卻辭職了，自己開

起了餐廳。他放棄了令人羨慕的公務員工作，不僅讓周圍的人吃驚不已，更是遭到了家人的強烈反對，他父親甚至以斷絕父子關係來威脅。

李晨輝很困擾，他和他父親說：「我每天重複同樣的工作，拿著固定的工資，工作一點熱情都沒有。我覺得趁年輕應該多出去闖闖看，希望能透過創業更快地成長，就算失敗也無所謂，畢竟我還年輕。」經過長時間深談，他父親才勉強同意。後來經過幾年的磨練，他變得比以前更成熟穩重了。看著現在頗有成就的兒子，他父親笑了。

很多人都已經瞭解到，適合自己的才是最好的。不要一昧地盲目跟從，適合別人的不一定適合自己；也不要勉強自己去做自己無法做到的事情，反而有可能適得其反。只有找到適合自己的位置，你才能更加得心應手，並獲得更好的結果。

第二章

願所有的辛苦，終不被辜負

每個人，都是在痛苦中不斷逐漸成長的。儘管每個人都希望
得到命運之神的青睞，希望能被眷顧，但實際上，痛苦能使
人生變得厚重而又堅實。不要再抱怨人生中有太多的不如意，
當我們擁有頑強的生命力和堅定不移的決心時，那些痛苦就
會成為人生中最寶貴的養分，促使我們成為真正的強者。

想成為幸福的人，請先學會吃苦

很多人都會感嘆：天啊，我們做人好可憐啊，一生如此的短暫，卻還要承受著各種難以忍受的痛苦！有什麼辦法能讓我們脫離苦海呢？

我其實也會有這樣的感慨，所以我很喜歡憂傷的詞、悲傷的詩。但是換一個角度想，如果沒有如此之多的人有如此之多的苦，那又何來如此美妙的詩詞呢？但凡有一些文學情懷的人，肯定都會喜歡那一首首淺吟低唱的詩詞；凡是情感深厚些的人，誰沒有對著那些優美的詞句輕輕訴說。當我第一次讀到張愛玲「生命是一襲華美的袍，爬滿了蝨子」時，我的內心充滿了震撼，這是怎樣的愁、怎樣的苦，才能寫出如此悲傷的語句。當我讀到蘇曼殊的「一杯顏色和兩淚，寫就梨花付與誰」時，我的眼眶情不自禁地濕潤，這是怎樣的離別之苦，讓他的紙筆如此殘忍地相聚。

我們每一個人都知道，任何的痛苦帶給我們當下的感受都是無盡的傷痛。但或許只有少數人懂得，只有經歷這種焚燒之苦，才能百煉成鋼。

焚燒？太痛苦了吧？

　　沒錯，焚燒之苦的確不易承受，但是如果不想讓命運把自己拋棄，就得經歷這樣的痛苦讓自己脫胎換骨。

　　現實主義藝術大師屠格涅夫曾經說過：「**你想成為幸福的人嗎？那麼，請先學會吃苦。**」顯然，他老人家所指的「苦」，即是我們人生中的苦難和挫折，而「吃」就是要面對苦難和挫折。實際上，作為一個生命降臨到這個世界上，每個人都是要吃苦的，從小我們就從師長那裡得到這樣的訓誡：吃得苦中苦，方為人上人。

　　破繭成蝶的過程我們都不陌生，如果沒有經歷過蛻變的痛苦，那麼蝴蝶就不能展翅高飛。蛻變是它必經的一個成長過程，在這個過程當中，它或許會經歷難以忍受的痛楚，但在那之後，它也能成為最美的自己。

　　沒有經歷苦的磨礪，我們就無法獲得新生，就像鳳凰浴火重生一般，眼光放得長遠一些，我們才能坦然面對眼前的磨難。

　　造物主是公平的，他給予了你多少，就會要你付出多大的代價。同樣的，預先降臨的災難、苦痛，是給予你燦爛未來的前提。苦痛是固定的，就像《西遊記》當中師徒四人的取經路一樣，九九八十一難是註定的，少一難都不行。只有歷經艱辛磨難的人，才有資格享受成功的喜悅。在苦痛面前有什麼不能釋然？展望一下未來的輝煌，眼前的苦痛就不算什麼了。

　　從前，在一座山上有一間小木屋，小木屋裡住著一個老師，還有幾名學生。其中一位被老師收養的學生，因為他的父親欠債，父母遠走他鄉，將他一個人丟下了。

　　每到放學的時候，看著自己的同學們被父母接走，這個學生的心中就充滿了怨恨。他不止一次向老師訴苦、抱怨，他說：「為什麼上天偏偏對我這麼不公平？我沒有做什麼壞事，從來沒有不聽話，也沒有在父母面前任性過，但他們竟然拋棄了我。為什麼其它同學的父母那麼愛他們，我卻是這樣的遭遇呢？老師，我的忍耐快到極限了，被拋棄的痛苦佔據了我的心，我快要窒息了。求你告訴我，我要怎麼做？」

　　看著自己的學生越陷越深，老師給了他一個答案。他從廚房拿來一罐糖和一罐鹽，然後讓學生端來兩杯水。他讓學生含了一口糖，之後又在一杯水中放入了一些糖，讓學生喝糖水，問學生什麼味道，學生答道：「沒有味道。」過了一會兒，他又讓學生喝了一口糖水，問學生什麼味道，學生答：「甜。」

　　老師笑了笑，將一小罐鹽全部放到了另一杯水中，讓學生嘗一口，學生愁眉苦臉地抱怨道：「又鹹又澀，還很苦。」老師撫了撫鬍鬚，帶著學生下山了。他們走過一片湖水的時候，他讓自己的學生嘗嘗湖水的味道，學生現在嘴裡還是苦澀異常，喝了一口湖水，頓時倍感清涼。

　　老師告訴學生：「你剛剛經歷的這些和你的人生是一樣的。鹽和糖的量是固定的，關鍵在於是一起給你，還是慢慢地給你。人生也是一樣，幸福和苦難的量是固定的，如果你現在覺得痛苦異常，那麼你可能用一杯水溶解了所有的鹽，那麼你未來的人生就會向好的方向發展了。你如果這樣想，眼前的苦也就不算什麼了。」

　　就像老師所說的那樣，我們的未來雖然是未知的，但有的苦是固定的，我們可以一杯水嘗盡所有的苦，也可以將苦融入整片湖水當中。在苦來臨的時候，我們要懂得稀釋。**苦中蘊藏著珍貴的經驗，讓我們的未來開出絢麗的花朵。**

　　青松受盡風吹雨打，最後茁壯生長於蒼山之上；溫室裡的花朵灼灼其華，卻因為被保護得太好而異常嬌弱，它們一旦失去良好的生存環境，就會迅速枯萎、凋零。所以，我們要主動去經歷痛苦和磨難，讓這些苦和委屈成為幫助自己蛻變的動力。

太辛苦，是你懶惰的藉口

在我們身邊，經常能看到一種人，因為懶惰使自己和家人的生活不盡人意，在人性的弱點中，懶惰具有一定的普遍性。所以，當你腦海中出現了懶惰的念頭，那麼這時你應該提醒自己，或是給自己一個暗示：持續這樣下去，我一定達不到我想要的生活。

在每個人身上，懶惰的表現程度和表現形式也不同。例如：沉迷於遊戲中，即便知道還有許多更有意義的事要做，也是懶得去面對；做事總是拖拖拉拉；只挑輕鬆的事情做，麻煩的事就讓那些表現積極的人去做；缺乏行動力，總是想像著美好的未來會輕易實現；每天都渾渾噩噩、得過且過的混日子……等。

懶惰的人總是什麼事都不想主動去做，因為他們喜歡不勞而獲。有一位喜歡環遊世界的人，見識十分淵博，他對生活在各個不同地區的人，都有著十分深刻的瞭解。當有人問他各個不同民族之間有沒有什麼共通性時，他說：「好逸惡勞是人類最大的特點。」

懶惰是人類進步的一大障礙，懶惰一旦盯上了你的話，你對生活只會充滿抱怨和絕望。懶惰，使人不思進取；懶惰，讓人們面對困難時望而卻步，有的人一生都毫無作為皆因懶惰所致。

　　人生不怕走得慢，就怕停下來，在一個地方停久了，就不想去接觸新鮮的事物。一旦我們停止使用我們的肌肉和大腦後，一些本來具備的生理優勢和能力，也會在日積月累中退化，最終我們徹底失去這些生理優勢和能力。更嚴重的是，懶惰會使我們的神經麻木，對潛在的風險也缺乏預防和應變的能力。

　　池塘邊有兩隻青蛙，一隻黃的、一隻綠的。綠青蛙常常會跳到池塘裡捕食害蟲，黃青蛙卻因為懶得動，常常躲在池塘邊打瞌睡，並嘲笑綠青蛙這麼辛苦捕食是沒有必要的。

　　有一天，太陽都升得很高了，黃青蛙還在草叢中睡大覺。牠突然聽到有人叫：「老弟、老弟。」牠懶洋洋地睜開眼睛，發現是田裡的綠青蛙。

　　「早晨露水粘住小蟲的翅膀，讓牠們飛不起來，正是我們捕捉牠們的好時機，你別睡了，快點來吃早餐。」

　　「咳！吵什麼，池塘裡有的是食物，我不擔心。」黃青蛙回答。

　　可是，沒幾天後，池塘的水被抽乾了，被用來澆地。黃青蛙習慣了懶散過日子，所以只好忍饑挨餓，黃青蛙還待在乾涸的池塘等待，牠認為老天會有下雨的時候，不愁池塘沒有水。

　　但是，綠青蛙好心地勸牠搬來跟自己一起住。綠青蛙說：「到田裡住我們不僅每天都能吃飽，還能遠離危險。」

　　池塘邊的黃青蛙不耐煩地說：「我才懶得動！搬家可不是那麼容易的。」

　　綠青蛙無可奈何地走了。幾天後，當牠再次去探望黃青蛙的時候，卻發現黃青蛙早已被過往的車輛碾死了。

　　上述故事提醒人們，好逸惡勞是一種墮落、具有毀滅性的行為。可以說，生活中的很多災難，都是因為人性的懶惰造成的。

　　不可否認，隨著時代的發展，人們生活水準提高，不論年輕人還是中年人都變得有些懶散了，奮鬥似乎已經遠離了自己。有些人在小有成就後，就感到滿足而止步不前，在生活或者工作中就變得愈來愈懶惰。適當的休息是應該的，可是如果長久下去，任由惰性蔓延，身心都會變得頹廢消極，對生命的熱情會離自己遠去，使你步入平庸的人生。

　　佛蘭克林說過：「懶惰像生鏽一樣，比操勞更消耗身體，經常用的鑰匙是閃亮亮的。」無論對於一個人還是一個民族而言，如果惰性成風，就沒有獲得進步和發展的希望了。有些人因為懶惰，總想不勞而獲，這樣的人怎麼能成為對家庭、對社會有用的人才呢？

　　更危險的是，懶惰還會增加罹患心血管疾病、中風、高血壓、糖尿病、骨質疏鬆症、肥胖症、結腸癌以及乳腺癌等8種疾病的機率。

　　如果你想擁有健康的身體，如果你有理想，想成為對家庭、對社會有用的人，就一定要有決心，改掉懶惰的惡習。請時時刻刻提醒自己，雖然克服懶惰是件很困難的事情，但是只要你保持決心，並且用意志力持之以恆地改變這個弱點，那麼，你所渴望的未來就會在你的掌握之中。

那些殺不死你的，都會讓你更堅強

　　常言道，人生不如意十之八九。生活中，我們遇到的每個人未必都是能和自己愉快相處的人，經歷的每件事未必是看得慣的事，感受到的每一天都絕不是只有幸福與快樂，反而充斥著煩惱與痛苦。在這樣的人生歷程中，無數人感到煩躁不安，甚至對人生絕望。殊不知，那些你不喜歡的人與事，也許會給你帶來一時的痛苦，你不要排斥它們，更不要試圖把它們從人生中抹去。因為這些痛苦雖然使你暫時失去快樂，但是卻迫使你不斷成長，不斷朝目標前行，最終使你成為更好的人，也擁有更加美好的人生。

　　每個人，都是在痛苦中不斷成長的。不要抱怨人生中的不如意，**當我們擁有頑強的生命力和堅定不移的決心時，那些痛苦就會成為人生中最寶貴的養分，促使我們成為真正的強者。**

　　大學時期，小敏最不喜歡上的課就是英文課。為此，大學畢業後，小敏原本期望能被一家外商公司錄取，卻因為英文不夠好，導致其它方面都非常優秀的她被淘汰了。此時小敏才意識到，當初還認為英語老師什麼也不管，所以她混得自由自在，但如今卻為此吃

足苦頭，只好把大學沒有學好的英文在畢業後補起來。

　　和小敏一樣，清逸原本也不喜歡英文。不過，清逸遇到了一位非常嚴格的英文老師。這位英文老師對學生們的要求非常嚴格，只要有學生達不到她的要求，就會被老師嚴厲的處罰，讓學生們都恨得牙癢癢的。私底下，同學們都說英文老師是女魔頭，讓人膽顫心驚。然而說歸說，為了不被處罰，同學們在每次下課後，都會認真完成老師交代的作業，而且在上課前會主動認真地複習，畢竟都快畢業了，誰也不願意被當掉啊。就算是英文最差的同學，或者家裡有錢有勢、對學習漫不經心的同學，只要上英文課時，必然正襟危坐，片刻不敢懈怠，就連打個哈欠都擔心會錯過什麼。如同煉獄一般的英文課，原本像小敏一樣對英文不感興趣的清逸，畢業後居然順利進入一家知名外商公司，成為高薪白領。這到底是為什麼呢？原來不知不覺中，在痛苦地上完每一節英文課後，清逸的英文水準都會有所提高。清逸由衷地感謝英文老師：「謝謝你老師，是你讓我們堅持下去充實自我。」

　　人們常說，走得太快的路，通常是下坡路。的確，小敏大學四年的英文課是在睡覺或者看小說中度過的，這樣輕鬆快樂的時光過得飛快，而畢業後找工作時面臨的窘境卻使人難以接受。相較之下，清逸在大學裡的每一節課都過得很辛苦，常處於緊張狀態，正因為如此，他不浪費每一秒，在畢業後如同脫胎換骨，順利進入知名企業。正如人說的，**人生中沒有任何一種付出是毫無回報的，也沒有任何一段經歷是白白浪費的**。只要多多用心，利用寶貴的青春

時光來提升自己，我們就能如願以償地獲得成長，最終也會從痛苦中蛻變而出。

任何時候，命運都不會無緣無故地善待我們。生命的誕生總要經歷劇烈的痛苦，在生與死的邊緣徘徊，成功也不可能一蹴可及。很多時候，痛苦使人清醒，也逼迫我們不得不去尋找人生中新的機遇。現代社會，很多年輕人都是獨生子女，習慣了從小受到長輩的照顧，即便進入社會，也很難刻苦耐勞地學習和工作。然而，這一切都是不可替代的，正如父母不可能陪伴我們走完一生一樣，我們最終都要長大，要學會獨自堅強地面對世界。

從另一個層面來看，那些不能使我們幸福快樂的事情，未必就是錯誤的。不管是判斷一個人對我們是否有益，還是判斷一件事情對我們是否有利，我們都不能單純把快樂作為唯一的標準。良藥苦口利於病，忠言逆耳利於行。很多時候，痛苦的事情反而帶給我們成長，讓我們警惕。不要急於排斥那些讓我們不快樂的人或事，在人生的道路上，也許他們不會帶給我們幸福快樂，卻會激勵我們奮力前行，直到我們遇到最好的自己，成就最精彩的人生。

世界很大，用盡一生都無法走遍每一個角落

　　世界很大，大到我們窮盡一生，也無法走遍世界上的每一個角落，看遍世界各處的風景。世界也很小，小到整個地球縮成了一個小小的村落。飛速傳播的資訊，讓地球這邊的我們輕而易舉地就知道地球那邊的事情，這樣足不出戶就可以知曉天下大事。時而大、時而小的世界真奇妙，它承載著我們的人生，也讓我們的人生多了無限的可能。既然如此，我們為何還要居於世界的某一隅，而對外界的一切不聞不問呢？生命短暫，轉瞬即逝，我們總要給自己更多嘗試的機會，讓自己擁有更多的可能性，才不枉在這人世間走一遭。

　　就像開車在一條車道上，只能一昧地前行，不能掉頭後退。所以，每一位司機都喜歡在廣闊的道路上開車，車道越多越好，車輛越少越好，這樣他們就可以享受肆意奔馳的快樂。人生也是如此，很多人之所以獨闢蹊徑，就是不想和其他人一起擠著過獨木橋。正因為如此，他們就需要不斷嘗試，找到最適合自己的道路，才能走得更遠。那麼，如何才能擁有更多的可能性呢？最重要的就是努力。當一個人總是堅持不懈地努力，就能時刻做好準備，在機會來

臨時勇敢地抓住。**機會並非偏愛努力的人，而是努力的人依靠自己的不斷爭取，獲得了千載難逢的好機會。**

人生，就像是一條河流，任何時候都不應該是靜止的。就像水，如果是一灘死水，那麼很快就會腐爛變質，散發出難聞的味道。唯有成為活水，才能更加清澈，最終流入大海中。現實生活中，每個人都渴望擁有成功的人生，卻不知道每個人成功的可能性並不相同。死氣沉沉的人生，也許永遠都被囚禁在同一個地方，無法走出去。努力拼搏的人生，會走出心中的囚牢，變得更加自信，擁有無限的可能性。

很多不熟悉劉墉的人，只對劉墉的《螢窗小語》有印象，也因此覺得劉墉不過是個寫勵志小品文的作家，根本沒有什麼獨到之處。然而熟悉劉墉的人都知道，劉墉的一生堪稱一段勵志的傳奇，因為他賦予了自己的人生無限的可能性。

早在讀高中時，劉墉就很喜歡寫作。當時的他，和大多數同齡的人一樣，對於人生非常迷茫，也覺得漫無目的。但是他有一點與眾不同，就是他知道人生並非只有考大學這一條路，而是「條條大路通羅馬」，因此他創辦了校刊。有時學校的教務處覺得校刊的某些內容不太適合，他就蹲在印刷廠寫文章，及時調換不合格的稿子。正是在那段時期，他意識到要想填補版面上空缺的位置，寫詩是效率最高的一種方式。後來，他經常在有文章需要替換的時候寫詩，快速填補版面的空白。因此他居然迷上了寫詩，最終成為一個詩人。劉墉似乎並不像其他成功者那樣只會選擇一條路走到底，同

樣是與文字打交道，他當過作家，也是詩人，同時還是編輯。青年時期的劉墉，似乎正處於數條道路的交匯處，不管往哪裡走，都能找到人生的方向。

出版《螢窗小語》時，先印製了幾千冊，然而很快就賣完了。後來不斷地加印，最終賣出了幾十萬冊。隨後，劉墉一發不可收拾，寫出了越來越多的好作品，這其實都是他年少時熱愛文學的結果。即便已經成為大名鼎鼎的作家，劉墉卻從未滿足。他用賣書賺到的錢，做一些自己喜歡的事情，哪怕明知道會賠錢，他也在所不惜。他很喜歡接觸新鮮的事物，對很多事情都興致盎然。他不滿足單調乏味的生活，一心一意要給生活創造更多可能。當你走進劉墉的世界，你一定會為他知識的淵博感到大吃一驚。

現代社會發展很快，可以說日新月異，然而人們在感受飛速發展帶來的諸多便利時，心態也變得越來越浮躁。人們無法靜心下來對待生命，他們被欲望驅使著前進，在人生的道路上渴望得到更多，卻因為對自己缺乏信心，導致猶豫不決、踟躕不前。尤其是在不能使自己滿意時，更是悔不當初，說出些「早知道這樣，我當時就……」、「要是我當初……」之類毫無意義的懊悔話。人生中小小的一個因素改變，整個人生就有可能發生翻天覆地的變化，但是不管我們現在生活得好或壞，人生都無法重來的，我們唯有堅定不移地走下去，獨自承擔一切後果，才能使自己不後悔、不傍徨。

世界很大，每個人都想走遍全世界，那麼就不要再把自己的人生縮在一個小小的蝸牛殼裡，而是要勇敢地蛻掉外殼，進而無所顧

忌地享受青春，不遺餘力地把握命運。當然，我們都是平凡的人，即便再怎麼努力，也未必能夠成為下一個劉墉。其實我們沒有必要成為劉墉，因為劉墉不是我們，我們也不是劉墉，我們所要做的就是積極改變自己的命運，**讓今日的自己和昨日的自己相比有所進步，讓未來的人生和現在的人生相比充滿更多的可能性**。只要做到這一點，就已經足夠了。

沒有經過多次燒製的瓷器，就不夠堅固和精美

教室外面正在狂風暴雪，聽起來好像有無數隻瘋狂的怪獸在呼嘯、廝打。學生們都感到很冷，讀書的心思早已沒有了，只聽見大家忍不住一直打哆嗦。

鼻子被凍得紅紅的老師走進教室時，一股寒風趁機席捲而入，牆壁上的《世界地圖》被吹起掉到了地上。

這時，性格溫和的老師一反常態，滿臉的嚴肅莊重。亂哄哄的教室安靜了下來，學生們驚訝地望著他。

「請同學們放好書本，我們到操場上去。」

同學們幾乎不敢相信自己的耳朵，有的同學問：「為什麼？」

「因為我們要在操場上立正5分鐘。」

同學們想：這麼冷的天要我們出去站？而且是站在大雪中，老師是不是瘋了？

整個操場都彌漫著風雪，籃球架被雪花打得「啪啪」作響，淩厲的風雪吹得讓人睜不開眼，臉上好像有刀在劃。學生們像一群剛從狼窩逃出的綿羊，再次見到兇神惡煞的狼一樣，擠在教室的屋簷下，不肯邁向操場。

　　老師什麼也沒說，面對學生們站定，脫下羽絨外套說：「快到操場上站好。」學生們老老實實地到操場排好隊。瘦削的老師只穿一件白襯衫，看起來更顯單薄。學生們規規矩矩地站立著。5分鐘過去了，老師平靜地說：「解散。」

　　回到教室後，老師說：「在教室時，我們都以為自己敵不過那場風雪。事實上，讓你們站半個小時，你們也堅持得住，讓你們只穿一件襯衫，你們也堅持得住。**面對困難，許多人都戴了放大鏡，但和困難搏鬥一番後，你會覺得，困難也不過如此……。**」

　　學生們很慶倖，自己沒有縮在教室裡。在那個風雪交加的時刻，在那個空曠的操場上，他們學到了人生重要的一課，那就是要有「吃苦」的精神。

　　沒有人生來就喜歡吃苦，但是沒有付出，往往就沒有回報。我們獲得的任何成果，幾乎都要經過艱辛的努力才能得到。擁有吃苦精神的人不一定會成功，沒有吃苦精神的人，卻肯定無法成功。

　　我們的一生中，能否微笑地面對困難，在於你所遭遇困難的次數。經歷的事情越多，你往往就會越成熟，更加懂得如何去處理和解決問題。多吃點苦，我們才能在面對困難時，有克服困難的勇氣。別害怕挑戰與難題，因為難題越多，我們越能找出解決方法；更別擔心困境，只要我們有突破困境的信心，再險惡的困境我們都能安然度過。

　　要想做出成績，就不能「心疼」自己。李連杰曾經拍過一個廣告：「男人，就應該對自己狠一點。」任何一個人要想做出一番成

就，都要對自己「狠一點」，能吃苦才可能成功。

小林服裝有限公司是重慶的知名企業，董事長林良快是一個非常能吃苦的人。從16歲出來闖天下至今，他認為自己和別人不一樣的只是一種心態——「大不了睡地板！」這種心態支撐著他一路走過來。

林良快永遠忘不了最初從浙江來重慶的日子，他和弟弟擠在一間10多平方公尺的小房間裡。這裡既是他們的寢室，也是辦公室，更是倉庫。累了就睡在紙箱上，要工作就把紙箱當成辦公桌。「我們捨不得買床、買桌子，因為那樣貨物就沒地方放了。」林良快說。時至今日，他已經能從容風趣地把那些紙箱比喻成「可以升降的床」，「一批貨剛到的時候我們的『床』有2公尺左右高，幾個月後，貨慢慢出完了，我們又睡到了地板上。」

回首過去，林良快並不認為自己吃了很多苦。他說：「年輕人最應該做的就是踏實地學習，不會的就去學，不懂的就去問，即使失敗了也沒有關係，從頭再來過。因為年輕，就不用怕失去，大不了重新睡地板！」吃苦都不怕，就沒有什麼可怕的了。和戰爭年代的人比起來，我們的苦真的不算什麼。

眾所周知，精緻的瓷器，都要經過多次烤製。沒有多次烤製的瓷器，永遠不會堅固和精美。無數事實告訴我們，在漫長的艱難歲月中，經得住磨練的人才有可能成功。在生活中，那些怕吃苦的人，是很難做出一番事業和成績的。

為了鍛煉吃苦精神，我們可以給自己「製造」困難，使自己得

到鍛煉。可以「排演」一場比你所要面對的困難更為複雜的挑戰；或者手頭上有諸多棘手的任務而又猶豫不決時，不妨挑選最難的事先做。生活中，一切可以讓你感到困難的事情，你都可以用此來挑戰自己。這樣做，當然不是為了「自找麻煩」，而是為了成功而必要做的準備。

我們不必坐等危機或悲劇到來時，自己毫無準備、手忙腳亂。聖女貞德說：「想要贏一次，就必須要受十次傷！」成功不僅要有「明知山有虎、偏向虎山行」的勇氣，還要經過多次磨難的洗禮，才能夠有獲得成功的希望！

事情的真相就是：**你對自己越苛刻，生活就對你越寬容；你對自己越寬容，生活對你就越苛刻**！至少從明天起不再賴床，走出家門，讓你的臉在刺骨的寒風中掛上微笑的印記！

忍耐並非屈服命運，而是實現蛻變的過程

內蒙古的夏天總是和其他地方的夏天不一樣，沒有烈日當空，只有幾許寒意。昨天又是一場暴雨，氣溫驟然下降了幾度，前幾天剛有機會穿上短裙的女孩們，又不得不套上了長褲。

內蒙古的夏天如此，冬天的氣溫可想而知。記得去年的冬天，我剛回內蒙古，在一個寒冷的下午，我忽然想到大街上逛逛。當來到馬路上時，寬闊的大街上空無一人。半個小時後，我終於知道為何大街上都沒人，只有愚蠢的我在外面閒晃，因此耳朵被凍傷了。

當時我在寒冬的老虎山上，看到梅花依然傲然綻放，盯著它們久久無法轉移視線。很想問它們，為什麼在這樣的天氣，還能綻放得如此絢麗？又沒有人會來欣賞。但漸漸地我明白了，如果不能忍耐寒冬，又怎能綻放得如此絢麗多彩，讓人們感到無比讚嘆。

成功的人生是一個不斷超越自我、實現蛻變的過程，而忍耐是其中必不可少的階段。對於我們普通人而言，沒有顯赫的出身和深厚的背景，獨自面對這個殘酷的社會，到處都是暗潮洶湧，想到達夢想的彼岸，首先要做的就是學會如何在社會中生存下來。即使風浪再洶湧，我們也必須忍受。

但忍受並非逆來順受，並不是屈服於命運，任由其隨意擺佈。雖然生活處處充滿了艱辛，讓人的內心隱隱作痛，但忍耐會讓人看見，狂風暴雨之後必定有美麗的彩虹。因此，忍耐並非消極頹廢，而是積極地經受歷練。

在茫茫的大海邊，一隻龍蝦和一隻寄居蟹正在閒聊，寄居蟹對越來越冷的天氣不斷抱怨，龍蝦在一旁默默地聽著。

龍蝦突然將它厚重的硬殼脫了下來，透過薄薄的一層皮就可以看到它透明的肉體。寄居蟹為此深感不解地問道：「大哥，你還好吧？那麼冷的天，你還脫掉外殼，要是遇到大魚，你肯定就成為人家的腹中美食啦。而且要是一不小心遇到急流的話，你就會被沖進珊瑚群中摔得粉身碎骨的。」

但龍蝦大哥則一臉平靜的樣子回答：「好兄弟，先謝謝你對我的關心，但蟹弟你肯定不知道我們龍蝦的祕密吧，蝦中之王的我們，如果蛻變到紅袍大殼時，就會成為同類至尊啊。據我所知，想要紅袍加身就要忍受痛苦，付出脫殼的代價，不然我們就會永無出頭之日，永遠都不會成為真正的蝦中之王啊，明白嗎？」寄居蟹點點頭，似乎有些明白了。

要收穫蛻變後的結果，必須經歷一次次脫殼的痛苦，忍耐力支撐著龍蝦完成一次次的蛻變。同樣，抽穗拔節的成長與痛苦，蛹化成蝶的美麗與快樂，其中的忍耐，都是為了蛻變的那一刻。

從前，有一粒毫不起眼的沙子鑽進了蚌的身體。從此，蚌柔弱

的身體開始遭受它的折磨。在無數個夜晚，蚌經受著痛苦的折磨，牠掙扎過、沮喪過，但更多的是忍耐。牠始終沒有放棄生存下去的念頭，因為牠知道，牠來到這個世界已不容易，如果想活得精彩，就得承受生命中的苦難，堅持和忍耐是牠唯一的選擇。

時間的累積下，沒過多久，美麗的珍珠從牠的體內誕生。珍珠凝聚著蚌的眼淚，展示著蚌異常燦爛的堅韌精神。

既然立足於天地之間，就有存在的價值。不要輕易屈服於命運，不要隨便否定自己，在忍耐中持續堅持，往往更能歷練成強者。

有兩個從小一起長大的親兄弟，在過了二十多年清貧的生活之後，他們決定一起去挖金礦。剛開始，兄弟倆都抱有這樣的信念：不挖出金子，誓不甘休。從黎明到黃昏，又從黃昏到黎明，許多個日日夜夜，他們忍飢挨餓、手腳磨破，忍受著刺骨的寒風，經歷著沙塵暴的洗禮，抱怨和苦悶時常充斥在他們的對話中，而他們始終沒有見到金子的光亮。

哥哥每天在抱怨幾句之後，舒緩了情緒，就開始繼續挖。而弟弟的士氣則越來越低落，腳下的坑彷彿很難再挖掘一尺，他無法忍受這既艱苦又看不到希望的痛苦過程。

恰巧有一天，一個商隊經過，他們說山那頭有人挖出了石油。這時弟弟再也堅持不住了，說這裡根本就沒有金子，還不如去山那頭採石油！而哥哥卻說「再忍忍吧，堅持一下可能就會有希望。」

幾天之後，可憐的弟弟灰頭土臉地回來了，他並沒有挖出石

油，他的放棄使他又一次兩手空空。當他到達挖金礦坑時，已經是深夜兩點，在帳篷微弱的燈光下，似乎有一種異樣、刺眼的光芒在閃爍。他走進裡面，哥哥正捧著金子滿足地睡了。

人生其實就好像一場淘金大賽，有時需要一點運氣，但更多的還是要靠堅持和忍耐換取那一刻的蛻變。

有人說，忍耐在我們的生命中，就像鞭子一樣抽打著我們的靈魂。那撕心裂肺的痛苦牽動著我們的每一根神經。但想要突破人生的困境，實現成功的蛻變，就必須勇於面對忍耐的考驗。

蛻變是忍耐的結束，更是新的忍耐的開始。不管怎麼樣，我們都要謹記，忍耐並非屈服命運，而是為了實現蛻變的必經過程。

世界越無情，你越要活得理直氣壯

同樣的生活，可以讓人意志消沉，也可以讓人百煉成鋼，其中的關鍵在於你選擇怎樣面對。如果你堅信生活是美好的，並用淡定的心態面對一些遺憾，那麼你的心情也將是快樂的，而你也會是一個幸運的人。當你不再為生命中的缺憾怨天尤人，不再為不確定的將來憂心忡忡時，那麼你就能夠從中得到生活的樂趣，收穫屬於自己的成功果實。

請把握每一天，時間不會為你停留

「門前老樹長新芽，院裡枯木又開花，半生存了好多話，藏進了滿頭白髮……時間都去哪兒了，還沒好好感受年輕就老了，生兒養女一輩子，滿腦子都是孩子哭了笑了，時間都去哪兒了，還沒好好看看你眼睛就花了，柴米油鹽半輩子，轉眼就只剩下滿臉的皺紋了……」這首中國的《時間都去哪兒了》，原本是寫給父母子女的一首歌，以細膩的筆觸描述了老樹能夠再逢春，人生卻無法回頭的現狀。

的確，人生是一場沒有歸途的旅程，任何時候我們都只能一路往前，哪怕再怎麼後悔，時光也不會倒流，青春也不會回來。當和相愛的人攜手步入婚姻、生兒育女，隨著時間流逝卻只剩下滿臉皺紋，時間留給生命無限的感慨，使人不勝唏噓。然而這就是生命的歷程，一代又一代的人跟著時間的腳步走著，走過年少輕狂，走過人生的幸福美好，走過無數的坎坷與考驗。

不僅對於父母，時間悄然流逝，其實對於每個人，時間都滴滴答答一刻不停歇地走。很多年輕人認為自己還年輕，總覺得自己最大的資本就是有充足的時間，因此盡情的揮霍時間。當人生變得越

來越短，反而後悔沒有好好把握年輕的時候。實際上，時間對每個人而言都是平等的，每個人的一天都只有24小時，不管是窮人還是富人，時間都只有這麼多。

當命運走到最後，我們除了那些瑣碎日常外，還收穫了什麼？還記得剛升小學一年級時的情形嗎？還記得大學拍畢業照的時候嗎？還記得和所愛的人準備好攜手過一生的那一刻嗎？還記得迎來新生命的喜悅嗎？這些點點滴滴，都是生命中不能忘卻的記憶和懷念。當然，有的人人生中這些瑣事所占的比例很小，他們大部分時間都在讀書和工作，他們自從離開家進入大學後，與父母相聚的時間越來越少。親子之間也會隨著時間的流逝，漸行漸遠。

時間帶走了我們對父母的依戀，帶走了我們的健康、友情和愛情，也帶走了我們人生中原本非常值得珍惜的一切。不要再眼睜睜地看著時間溜走，而要努力地抓住時間，成為時間的主宰，成為命運的主宰，創造屬於自己的人生。也不要人云亦云，盲目地追隨他人或與他人比較，畢竟人生短暫，我們所要追求的是自己的夢想。**任何時候，都要遵從自己內心的選擇，任何時候都要相信，我們可以掌控自己的命運。**

作為一家廣告公司的小主管，絲絲自從大學畢業後回家的次數就越來越少，回家的時間也越來越短，漸漸地居然連給父母打電話的時間都沒有。每天下班後，絲絲拖著疲憊的身軀回到家裡，累得連說話的力氣都沒有，好幾次都是媽媽深夜打電話給她，媽媽也知道她經常要忙到深夜才下班。她當然很心疼自己的寶貝女兒，也建

議絲絲回到家鄉，找一份朝九晚五的工作，悠閒、輕鬆地過日子就好。但絲絲卻總是不甘心，覺得自己既然在上海唸大學，就理應留在上海工作。

今年的中秋節，媽媽早早就打電話告知絲絲要記得回來，跟家人一起過中秋節。絲絲也知道自己從春節到現在都沒有回家，每逢過節家裡只有爸爸媽媽兩個人，一定非常冷清。絲絲答應了媽媽的要求，也利用休息時間購買禮物準備帶回家。但是臨近假日時，公司突然接了一個大案子，要求所有人員不得休假，按照每天三倍的薪水發放工資。

其實，絲絲如果想回家，還是能找到理由的，但是一想到可以賺那麼多的加班費，因此心動了，想著：「算了，買些東西寄給爸媽，我還是多賺錢以後好孝順他們！」當打電話跟媽媽說無法回家的事情時，絲絲明顯感覺到媽媽語氣中的落寞。不過媽媽沒有多說什麼，只是叮嚀絲絲三餐要記得吃，就掛斷了電話。直到隔年春節回家，絲絲看到媽媽已經瘦得不成人形，才知道媽媽半年前得了乳腺癌，手術之後一直都在化療。絲絲埋怨媽媽為何不告訴她，媽媽說：「你工作那麼忙，不想讓你擔心。」說完淚如雨下。如果她中秋節就回家，那個時候正是媽媽手術完第一次化療，但她為了工作，卻不小心捨棄了親情。

不要等到「樹欲靜而風不止、子欲養而親不待」的時候，才猛然醒悟時間已經悄悄溜走了，也不要等到自己的人生過半，才意識到生命中對你而言最重要的是什麼。對每個人而言，生命都是彌足

珍貴的，不要只是無關痛癢地看待時間的流逝，而要意識到時間對你的人生何足珍貴。

與其感慨時間的悄然流逝，不如珍惜時間。如果你想要獲得工作上的成功，就拼盡全力地工作，但一定要提高工作效率。如果你更熱愛生活、珍惜家人和朋友，那麼就把工作作為一種生存的方式，其餘時間請好好享受親情、友情與愛情。不要像寒號鳥[1]一樣只顧眼前，每天得過且過，我們唯有與時間賽跑，才能緊緊抓住生命中的每一天，絕不錯過一分一秒。

---

1 傳說有一種小鳥，叫寒號鳥。這種鳥與眾鳥不同，它長著四隻腳，兩隻光禿禿的肉翅膀，不會像一般的鳥那樣飛行。

夏天的時候，寒號鳥全身長滿絢麗的羽毛，樣子十分美麗。冬天到時，小鳥們開始結伴飛到南邊，準備在那裡度過溫暖的冬天；有的留下來，整天辛勤忙碌地囤積食物，修理窩巢，做好過冬的準備工作。只有寒號鳥，沒有飛到南方去，又不願辛勤勞動，整日東遊西蕩，到處炫耀自己身上漂亮的羽毛。

冬天終於來了，鳥兒們都窩在自己溫暖的巢裡。而寒號鳥就這樣過一天是一天，也沒幫自己蓋個溫暖的窩。最後它沒能撐過寒冷的冬天，終於凍死在巖石縫裡。這個寓言故事用來比喻只顧眼前、得過且過，不做長遠打算、不顧辛勤勞動生活的人。

人生是一列單向行駛的列車，
沒有賣回程的車票

或許是年輕時受過太多的苦，當日子一天天好起來後，她還是過著節儉的日子，捨不得吃穿，但卻願意買好一點的東西給身邊的人。

孩子小的時候，家裡沒什麼錢，冬天基本上就是吃自家種的大白菜。偶爾孩子也會鬧脾氣，說白菜不好吃，想吃點別的菜。每當這時，她才意識到應該去買點菜，改善一下家裡的伙食了，若身上的錢夠，她也會買點肉來燉。只是，餐桌上依然有白菜，孩子們不吃就只好她吃。丈夫夾起一點肉放在她的碗裡，她總說：「我不吃，胃消化不了。」

結婚十幾年後，老公得到升遷機會，薪水也漲了，家裡總算擺脫了貧困，日子也逐漸好起來。有時領了薪水，老公就會買一兩件衣服要送她。她試穿的時候很開心，她身材好穿什麼都好看，只是那些衣服買來後，她都小心翼翼地放在衣櫃裡，說著：「等重要的場合再穿吧！這衣服隨便拿出來穿的話，太浪費了。」

小孩都長大了，都有了各自的工作和生活，她也清閒了下來。

老公提議要帶她出去旅行，說現在有很多「夕陽團」，就是給老年人準備的行程。她本來是不想去的，因為捨不得花錢，但兒女和老公都說，趁著現在身體還硬朗，應該去看一下世界各地的美景。她同意了，跟丈夫一起報了旅行團，參加了一趟10天的歐洲行。

在英國遊玩時，她看上了一條名牌圍巾，配她的氣質剛剛好。老公知道她喜歡就買了下來，讓她在旅程中可以圍著。她說什麼也不肯，畢竟價格很貴，她擔心會弄髒或是不小心弄丟了，若那樣的話實在太可惜了。她跟老公說：「放著吧，等以後有什麼特殊的日子，再拿出來用。」

當那條絲巾再次從櫃子裡拿出來時，價格標籤還在上面掛著，此時距離那次出遊已有五、六年了，而她也因癌症離開了這個世界。丈夫撫摸著那條絲巾對孩子們說：「你媽一直捨不得用，她想等一個好日子再用……以後，不要把好的東西留到特別的日子用，活著的每一天都是最好的日子。」

回想一下，你是不是也曾犯過這樣的錯誤？或者說，此時此刻就有這樣的想法？

總想著等忙完這個案子一定要好好休息，結果忙完了之後，又馬不停蹄地接了新案子。總想要找點時間看書，卻一有時間就顧著滑手機？想到外面新開的餐廳嘗鮮，卻因為家裡還有吃剩的食物而打消了這個念頭？買了一套精美的茶具，想著有客人來的時候拿出來使用，結果擱置了兩、三年卻忘了拿出來？想跟老朋友聚一聚，卻總是說「找機會」……我們總在等著「將來」，等著「某一

天」，卻忘了活著的每一天都是最珍貴、最特別的日子。

前蘇聯作家奧斯特洛夫斯基在《鋼鐵是怎樣煉成的》裡有一句名言：「人生最寶貴的是生命，而人的生命只有一次⋯⋯」**生命只有一次，只有珍惜活著的每一天，享受活著的每一秒，才會在離開世界的那一刻不會後悔。**

有個女孩因接受不了男友移情別戀的事實，整天魂不守舍、精神恍惚，甚至想要自殺。朋友去看她的時候，只對她說了一句話：「好好活著，當你永久地閉上雙眼死去時，就無法再感受這世界的一切美好了。」這句話深深觸動了女孩的心，把她從絕望的泥沼中拉了回來。

許久以後，她跟朋友說：「沒有一個人在面對死亡的時候可以無動於衷，即使你下定決心想結束生命，但真的要去做這件事時還是會害怕。我很慶幸自己懸崖勒馬，沒做出那麼極端的事，也謝謝你讓我明白，我的生命不是為了一個人而存在，而我們也沒有掌控生命長短的權力，活著的每一天都是奇蹟，都應該要珍惜⋯⋯。」

人生是一列單向行駛的列車，沒有往返車票。很多時候，我們總覺著人生還很長，日子還很多，有些東西要留到「特別的日子」再去用，有些事情可以等到「將來」和「某一天」再去做，但無數個現實中的遺憾故事告訴我們，誰也不知道明天和意外哪個先到來？

趁父母還健在，多抽點時間陪陪他們；趁自己還年輕，多去看

看外面的世界；趁還有機會，多向親愛的人表達你的愛意；趁還來得及，多去做自己喜歡的事情……時間是不等人的，別等到沒有能力和機會去做這些事情的時候才後悔。活著的每一天都是特別的日子，都是珍貴的日子。珍惜每一天，享受每一天，這才是對生活應有的態度。

因為得到的太多，而不懂得珍惜

一直很喜歡一部電影《大話西遊》裡面的一段台詞：「曾經有一段真摯的愛情擺在我面前，我沒有珍惜，等到失去後才後悔莫及。」從這句話中我們可以看到，主角後悔的不是因為沒有得到幸福，而是幸福一直在身邊卻沒有發現，沒有去珍惜。

男人在婚前是非常受女人崇拜的，婚後女人開始對男人挑剔起來，總覺得這個男人和自己的期待漸行漸遠，沒有了婚前那種心動的感覺。其實不是男人變差了，而是你的心態發生了變化。

婚姻的幸福感就是這樣，在你沒有得到的時候，就會有一種強烈的期待感；當你得到的時候，你會覺得自己是這個世界上最幸福的人；但當你步入婚姻生活後，當初的那種幸福感又被你遠遠拋在了腦後。

婚後，夫妻倆遇到越來越多的日常生活問題，雙方對未來一起走下去的信念也開始有所動搖。這個時候，很多女人都會覺得她們的另一半，不是婚前相愛時想像的那個樣子。

我有一個很讓人擔心的妹妹。她讓人擔心的不是家庭困難，或

是生活條件不好，相反的，而是因為她的生活條件優越。與我妹妹關係要好的閨蜜有五、六個，她們年齡相仿，陸陸續續都結婚了。結婚時，她的老公算她們男友中最優秀的一個。身高將近190公分，外型斯文又帥氣，而且是個公務員。朋友經常開她玩笑，說要搶她老公之類的話，她也感到非常的驕傲。

然而，她心裡漸漸產生了失落感。隨著時間過去，帥氣的老公漸漸不復存在，大家看習慣了，也不再稱老公是帥哥了。聚會時大家聊的話題變成誰買了新房子、換了新車，還有誰的老公開的公司賺了多少。每當聊到這些話題時，她心裡就會開始不平衡。朋友都安慰她，說她老公的工作穩定，雖然不會賺到什麼大錢，但是很悠閒又沒壓力。她聽完這些話覺得心裡更彆扭，她認為說一個人悠閒就意味著這個人沒用。

她們夫婦週末應好友之約一起去吃飯。好友的老公只有不到170公分的身高，與好友戀愛時連說話都會結巴，現在當了總經理，全身上下都是名牌，話語間透著輕蔑。我妹妹為此感到十分沮喪，以身體不適為由提前回家，一路上她都不太想理老公。

回到家她拋下老公，又跑到我這裡，對我大發牢騷。對於她這些牢騷，我規勸過很多次，要她做自己，別在意外在眼光。日子是自己過的，為何總是要和別人比較。世上有的是比你有錢，但也有的是比你落魄。但我妹妹永遠也聽不進去，和老公三天一小吵、五天一大吵。

女人不要一昧地沉浸在最初熱戀時的回憶裡，一昧追求心動時的感受，只會忽略對另一半的關愛，並把微小的問題擴大，進而更

加感受不到幸福。

　　婚後女人千萬不要因為得到太多而忽視幸福，不要因為瑣事喪失對幸福的感受。挑剔自己的老公的不好，往往不是因為你的老公不好，沒有給你幸福的感覺，而是你在幸福中變得麻木了。如果你因此自以為是的擺脫你不喜歡的現狀後，也許你會後悔自己為何要做出這樣的選擇。所以一定要理性看待自己，千萬不要用別人的幸福標準來衡量自己，否則，只會讓自己與幸福擦身而過。

　　有些女人總喜歡用這樣的口吻來說自己的老公：「你看看自己的樣子！也不會幫忙做家事，工作也很普通。你看看我們鄰居，一年就可以賺好幾百萬，他老婆每天都打扮得美美地參加各種活動，你的無能造就了我這個黃臉婆！」如果丈夫如今也能賺上幾百萬元，也許她又會說：「你一整天就只知道工作，也不會帶我出去玩，人家的老公總是帶她去旅遊，你有花時間陪我嗎？」如果老公陪她，她又會說：「你也不會幫忙做家事，整天就是上網、看電視，我每天這麼累，你都不懂得體諒我！別人老公都會心疼老婆，都會幫著做家務，哪像你啊！」

　　步入婚姻生活後，戀愛時的甜蜜已不存在，因為婚姻生活賦予夫妻間更多的是責任感和親情。若女人只追求戀愛時的感覺，就會對現狀產生不滿，逐漸也就失去了幸福感。其實，你根本就沒有失去什麼，你的老公還是和戀愛時一樣關心你、呵護你，所以女人一定要懂得知足。請告訴自己你的老公是最好的，你的婚姻生活是幸福的。不要讓無理的挑剔阻擋了你變得幸福，破壞你美好的家庭。

有位哲學家曾說：「**每一種事情都變得非常容易之際，人類就只剩一種需要了——需要困難。**」有了困難，才知道賺錢的辛苦；有了困難，才知道家庭對自己有多麼重要。生活幸福和富裕時，千萬別忘了粗茶淡飯的三餐，別忘了遇到困難時相互扶持的日子。只有憶苦，才懂得思甜。

大部分女人，不是不幸福，只是得到的太多，沒有意識到要珍惜。幸福是需要彼此之間相互提醒的，只是我們常常忽略了身邊的幸福，如人們說的「身在福中不知福」。人們經常以為已經永遠失去了幸福，其實錯了，幸福一直都在你身邊，請抓住它，別讓幸福悄悄溜走。

不用凡事追求當第一，其實也挺好的

我的一位叔叔來家裡坐，本來是請我幫他修電腦，因為無法播放DVD。等我弄完後就坐著聊天，聊到了他和他的孩子。他是一個樂天派，總是說：「我是個知足常樂的人，比上不足、比下有餘就行了。」但他的孩子若也這樣說，他會立即暴跳如雷，斥責孩子不爭氣，大吵一架。他的孩子倒也爭氣，書念得很好，現在在一所知名大學求學。

我想這樣的人不止我叔叔一個，應該很多家長都如此。而很多孩子也許也是這樣，從小到大幾乎每個人，甚至還沒上學的小朋友，都會在家長們的「教育」下建立起未來的目標，如：「我要當老闆」、「我要當市長」、「我要當科學家」等等，如果有人像《長江七號》中的小朋友說「我要當個農民」之類的話，應該會被人笑話，認為非常沒出息！

可是天下父母心，只要孩子好好學習，考個好成績，父母做再大的犧牲也不會皺眉頭，再多的投資也在所不惜，任何付出也心甘情願。可是一旦孩子沒學好或是成就不如預期，他們就會覺得天塌了，認為家庭沒有希望了，進而埋怨或打罵孩子。

這是不對的，我們不要在孩子身上寄託太大的希望，不要讓孩子支撐我們的虛榮。

在我老家有一個人很出名，出名的原因不是因為他有錢，也不是因為他多麼優秀，而是因為他的人生反差太大。他是一個師範大學的畢業生，在校期間各科學分成績都很優異，畢業後卻在台北找不到工作，最後回到了家鄉。剛開始，他一邊教書，一邊準備研究所考試，希望為自己開創一條出路。但是由於多方面的原因，他的努力並沒有換來理想的成績。為了自己的前途，他再次鼓起勇氣，憑藉著強大的意志力再次重考，然而第二次仍然沒有成功。這一次，他放棄了努力，每日藉酒澆愁，精神上幾近崩潰，也影響了正常的教學工作，結果被校方開除。因此他徹底崩潰了，選擇了自暴自棄，頹廢地生活。

他的目標是否訂得太高了呢？如果他能夠稍微降低一下自己的標準，結果是否會不同？遺憾的是沒有如果、只有悲劇，而且這樣的悲劇不止一個，也許以後還會不停發生。

法國的拿破崙說過：「不想當將軍的士兵不是好士兵。」與此類似的，中國也有句俗語：「寧做雞頭，不做鳳尾。」不管我們是否認同這個道理，但至少大多數的人都是這樣認為的。

做第一沒有什麼不好，當將軍也沒什麼不好，但第一和將軍的位置就那麼一個，絕大多數士兵這輩子註定只能是一個士兵。難道能說那些士兵都不好嗎？大家都知道這個道理，但如果能夠選擇，

還是很少有人願意選擇當士兵就好。

莊子說過：「以道觀之，物無貴賤」，就是說用自然的常理來看，萬物根本沒有貴賤的區別。同樣是人，何必一定要分個高低呢？

有什麼樣的定位，就有什麼樣的人生。想成為成功的人，首先需要為自己選擇一個明確、具體的目標，例如：你想賺多少錢，擁有什麼樣的社會地位，獲得什麼樣的成就等等。毫無疑問，有了自己人生定位並能為之付出努力的人，肯定比那些猶豫不決、內心迷惘的人更容易接近成功。可是反過來說，定位絕不等於成功。因為有些事情跟定位無關，甚至與努力無關。例如一個天生五音不全的人，卻非要當歌手，他的目標固然好，但觀眾們無法接受，最終還是無法成功。換言之，你的定位應該符合實際狀況，否則就是自己找罪受。

沒有人不想成功，為了成功而奮鬥也是每個人的權利，並且值得肯定，但千萬不要把成功當成必然。也許你會說只要肯努力就一定會成功，醜小鴨還能變成天鵝呢！不是嗎？那可是不一定的，因為醜小鴨能變成天鵝，那是因為它體內原本就有天鵝的基因。

而當第一就那麼好嗎？絕不是。幾乎在每一部武俠小說中都有這樣的情節：一群人不厭其煩地找號稱武術天下第一的人，沒有任何藉口地找他比高下，理由只有一個，因為你是天下第一，打敗了你，我就是第一。弄得這些天下第一不是被殺，就是被迫殺人，連清靜的日子也過不上，還不如做個普通的江湖小卒。

錯過了美麗的花朵，
其實未嘗不是一種幸運

　　我們不是聖人，經常會在有意或無意間，做錯或錯過一些事情。或許你曾經因為疏忽，忘記了與情人約會的時間，忘記了父母的生日；或許你忘記了某個重要的面試日期，錯過了獲得好工作的機會；或許你錯過了最後一班回家的公車，錯過了與好友聚會的機會……面對這些，你是不是整天都在抱怨與嘆氣中度過呢？

　　你的回答要是「是」的話，那麼請你趕快停止。因為你的人生大可不必如此，錯過了愛情，你還有朋友；錯過了工作，你還有自由……也許有一天，你會驚訝地發現：原來錯過了並不是一件糟糕的事情，反而可能是一種幸運。既然如此，又何必抱怨與嘆氣呢？

　　有一年，美國一所著名的大學要在中國招收學生，名額只有一個，被招收的學生的全部費用將由美國政府來支付。很多學生報名參加了初試，但初試結束後，只有十幾名學生合格，能進入下一輪的面試。到了面試的那一天，這些學生以及他們的家長都來到飯店靜候面試。主考官一出現在大廳，學生們便一擁而上，將他團團圍住。他們用流利的英語跟主考官交流，甚至還做起了自我介紹。然

而，只有一名學生由於動作太慢，沒能接近主考官，為此他心裡感到了一絲失落與懊惱。

這名學生認為自己不可能被錄取了，於是準備離開。而就在此時，他突然發現大廳的角落有一個外國女士，正茫然地看著窗外。這個學生心想：她不會是遇到什麼麻煩了吧？我過去看看能不能幫上她的忙。這個學生走近那位女士，有禮貌地跟她打了招呼，並簡單介紹了一下自己，最後問：「您是不是需要幫助呢？」女士說：「謝謝你的好意，我暫時不需要。」接下來，女士又問了一些這個學生的情況，兩人越聊越投機。

第二天，這個學生收到了主考官的通知，他被錄取了。這個學生得知這個消息後十分高興，後來他才知道，原來那位女士是主考官的妻子。

錯過了美麗的花朵，但最後收穫的不一定只有枯黃的枝葉，有可能收穫的是甜美果實。所以，當我們用盡心力去完成一件事情而沒有得到回報的時候，千萬不要失望，更不要停止前進的步伐，因為前方也許有更好的機會等著我們。

其實，錯過本身未必不是一種美麗，從長遠來看，這些錯過也未必就是不幸。當你會因為錯過感到慶幸而不是抱怨的話，那麼你已經學會欣賞錯過了。

我大學畢業後，進入北京的一家公司當職員。從我家到公司坐公車需要花半個小時的時間。每天一大早，我就要去擠公車。雖然半個小時的路程並不長，可是因為這趟公車有幾站停靠在地鐵站附

近，所以每天都非常擁擠，我常常因為過於擁擠而覺得很生氣及煩躁。

有一天，我起床稍微晚了一點，來到站牌等了三輛車都沒有擠上去。我心裡懊惱不已，抱怨自己的運氣怎麼這麼差。無奈之下，我只能再等下一輛公車。等到公車停靠在站邊的時候，人們還是一擁而上，我雖然「努力」了，可還是被擠了下來。望著漸行漸遠的公車，離上班時間越來越近，我當時心裡更加著急了，差點決定去步行上班。

就在這時，後面又來了一輛公車，由於等車的人已經不多了，所以我順利地上了車，過了兩站，還有一個座位可以坐。當時，我感到非常高興，忘記了錯過前面幾輛車的不愉快，最後我準時地到達公司，這樣看來，上天還是眷顧著我啊！

不管錯過什麼，都要淡定地告訴自己，其實，錯過也是一種收穫，或許我們還沒有看清這些收穫，但是它一直都在那裡，靜靜地等待著我們不斷地去感受它、發掘它，直到最終擁有它。

同樣的生活，可以讓人意志消沉，也可以讓人百煉成鋼，其中的關鍵在於你選擇怎樣面對。如果你堅信生活是美好的，並用淡定的心態面對錯過，那麼你的心情也將是快樂的，而你也會成為一個幸運的人。當你不再因為錯過或是缺少什麼而怨天尤人，不再為了不確定的將來憂心忡忡時，那麼你就能夠從中體會到生活的樂趣。

朝著光的方向前進，人生便會豁然開朗

生而為人，或許最無奈的事情，就是看不清人生的方向。在人生不同的階段，我們總會遇見不一樣的困難，有著不同的負能量和困境。如果沒有外人的指引或者發自內心的跳脫，有些人也許一輩子也不能順利走出困境。而一旦打開心門，裂開一小道出口，只要堅定不移地朝著光的方向前進，人生便會豁然開朗。

負面情緒就像是田野中無人管理的野草，一旦紮根，便會「野火燒不盡，春風吹又生」。負面情緒如果不能及時從我們的內心中排除，便會不斷地影響心情、破壞我們的信心，甚至影響到我們的正常生活。仔細觀察身邊被負能量圍繞的人，他們總是眉頭緊鎖，彷彿全世界的人都對他們有所虧欠；又或者總是鬱鬱寡歡，對任何事情都提不起精神，嚴重影響到工作效率，對精神和生活都造成極大的傷害。不懂得將自己從負面情緒中抽離出來的人，令人感到可憐又可悲。

有人說，負面情緒就像是漣漪，你的憤怒與消極會迅速擴散並一層層傳遞給其他人。我們相處在一個由各種人群組成的關係社會中，很多時候，即便只是很短暫的情緒爆發，也有可能在別人的心

中留下不可磨滅的壞印象。

　　婷婷才剛大學畢業，就以實習生的身份進到一家上市公司的行政部門做行政助理。開始實習後，她被指派的第一件事情，就是清點公司D樓裡所有員工的電腦設備。婷婷在接到工作安排之後，絲毫不敢馬虎大意，拿著清點表和一枝筆，就開始上下奔走。她奔走於每間辦公室，認真核對每台電腦，登記所有電腦設備的出廠序號。

　　她來到了網路設計部門，一進辦公室表明來意後，就聽到了一連串的怒罵聲：「誰叫你來這裡的？你想做什麼？」

　　「我是行政部的實習生，我們經理安排我來這裡清點一下大家的電腦。」她驚慌地回答，而朝她吼叫的就是這個部門的經理。

　　「我們部門的電腦不需要任何清點！」對方大聲反駁，「你們行政部每年都會進行清點，每年都清點得亂七八糟，不但一點用都沒有，還總是打擾我們工作，影響我們的工作效率。你快出去，以後不准過來打擾我們。」雖然不是自己的直屬主管，但是面對經理級人物毫不客氣的態度，婷婷一時呆住了，愣愣地站在原地，不知該如何是好。過了好一會兒，婷婷只能尷尬地離開。

　　回來的路上，婷婷一直在腦海裡回想剛剛發生的事情。這位經理的話洩露出了很多的資訊，很明顯這是部門與部門之間的歷史矛盾，而她只是很不幸地被當作了炮灰而已。自己其實並沒有做錯任何事情，反而是這位經理，在這件事情的處理上，顯得極其沒有風度，竟然對一個剛剛入職的實習生發洩自己的怒火。

　　第三年，婷婷由於出眾的表現，已經升任為公司行政部門的副經理一職。在婷婷參加的第一個公司主管月會上，婷婷再次遇見了那位經理。月會上，那位經理一反之前怒罵婷婷時兇惡的態度，對同級別的主官們都是充滿善意的笑容。直到見到了婷婷，堆滿笑容的臉竟然僵了一下，連耳朵都紅了起來。

　　顯而易見，這位經理發現了自己當初不該對婷婷如此惡劣。短暫的情緒爆發或許在所難免，身為平凡世界中的普通人，即便再有能力，也很難讓自己沒有任何情緒的波動。但是我們應該學會儘量克制自己的情緒，畢竟能力越強，所處位置越高，情緒管理越是應該到位。

　　我們的一生就如同行走在迷霧中，很多時候都是當局者迷、旁觀者清。或許你自認為自己是個非常值得別人信賴的人，但是別人卻會透過你的負面情緒看到他們眼中的你，並且先入為主地認定你的為人。我們不可能不會有任何的負面情緒，但是身為成年人，我們應當學會從負面情緒中能夠及時抽離出來的能力。畢竟，因為一、兩次的負面情緒，而造成自己在別人心目中的不良印象，實在是非常不值得的事情。或許，我們會有很多情緒湧出、難以壓抑的時候。但不僅衝動是魔鬼，沉迷於負面情緒無法自拔，更是升級版的惡魔。當被惡魔纏身的時候，我們需要學會盡快地轉身、及時脫離，而不是任由其發展，讓惡魔侵佔我們的人生。

擁有了夢想，生活更加閃亮豐富

　　偉大的天才科學家霍金曾經說過：「如果一個人沒有夢想，等同於死去。」霍金的說法可以說是對夢想的極致闡述，夢想是我們前進的動力、力量的泉源以及生活的希望。只要有了夢想，我們的生活才不會覺得平淡，內心也不會覺得空虛，奮鬥時才不會感到盲目。夢想源自於我們內心對某件事物或狀態的追求與憧憬，在我們決定要為了追求夢想踏上征程的時候，就註定了這一路上少不了風風雨雨。在這個過程當中，我們會經歷坎坷、陷入困境，但只要我們的初心不改，一步一腳印，勇敢地堅持走下去，那麼夢想和現實總會有接軌的那一天。

　　上小學一年級的時候，我記得老師詢問我們的第一個問題就是：「你的夢想是什麼？」那時的我們可能尚未懂得夢想的具體含義，卻也能天馬行空地說出各種千奇百怪的夢想。在這世上，我們每個人都有屬於自己的夢想。而能否實現夢想，關鍵在於我們如何去想、如何去做。很多成敗往往就在一念之間，窮困與富有的差距在於思想的不同。但不可否認的是，通常有什麼樣的想法就會有什麼樣的未來，有什麼樣的想法就會有什麼樣的生活。

這並不是說意識決定物質，而是說明意識對物質能夠產生的巨大作用。因為從某種意義上來說，個人的夢想是我們對自己的最高定位與要求，是對未來的期許和展望。有夢想的人往往敢對於自己提出更高的要求，做出更高的定位。而沒有夢想的人，不能說他絕對一無是處，但是他的定位不清晰，未來晦暗不明。就像美國作家休斯曾說過：「**要抓牢夢想，因為你的夢想一旦消失，人生就像是斷了翅膀的鳥，再也不能飛翔。**」

我有一位大學同學小美，因為出生在偏遠的山區，初入大學時對大城市有些畏懼，或許是因為從小所處的家庭環境的原因，這位同學是我見過所有同學中，英文成績最差的一個。她說的英文帶著濃厚的口音，但這絲毫不影響她的學習。

大二的時候，為了考取更多的證書、獲得更多的學分，我們都在猶豫是否要考英文檢定。但是小美告訴我們她要去考英文檢定，因為她的夢想是希望能成為翻譯員，似乎所有人都被她刺激到鼓足了勇氣，報名了英文檢定考試。現在想來，這對小美似乎很不尊重，但在那時卻也是對她追逐夢想的衝勁感到很佩服。

然而，所有人都沒有想到的是，最終的考試結果，小美的分數最高，而我們大多數成績都在及格邊緣。這時，大家才發現，小美的英文已經說得相當好了，她一定在平時默默下了很多功夫，漸漸地我們再也不敢嘲笑她的英文了。

夢想是對現實的突破。有了夢想的存在，我們的生命才有了更多的意義，生活才會更加豐富多彩。可以說，人類所具有的種種力

量之中，最神奇的就莫過於心懷夢想的能力。有偉大夢想的人，即便前路佈滿了荊棘，也不能阻擋前進的步伐。而要把夢想變成現實，只能依靠我們自己的努力。只有付出不懈的努力，才會實現屬於我們自己的夢想。

擁有夢想是每個人都能夠輕鬆做到的，而更重要的是我們要學會激勵自己去實現夢想。當你擁有了夢想的時候，它就會像一個指南針，指引著你走上光明的道路。就像美國總統傑弗遜曾經說過：「當你有了一個偉大想法的時候，就去做吧。」擁有夢想的時候，就應選擇付諸行動，成功的希望就至少有50%。但是，如果你的想法只停留在嘴上，成功的機會就只能是零。當你心懷夢想的時候，就朝著夢想努力吧，果斷且積極的前進，抓緊屬於你的夢想，為自己的人生插上理想的翅膀。

第四章

沒有人，在前進的道路上不經歷苦難

不要懼怕人生中的荊棘與逆境，放開心胸，用寬容的態度接受屬於我們生命中的磨難，保持樂觀、積極向上的心態，最終，讓逆境成為考驗我們的利器，而不是阻礙。逆境會使弱者消沉、頹廢，也可使強者堅強、成長，我們只要記住，面對並承受它，當你超越了這些困難，就會擁有一個精彩的人生。

成年人的世界裡，
從來就沒有「容易」二個字

劉若英執導的電影《後來的我們》裡面有這樣一段情節：男主角林見清花光了自己的年終，租了一輛小車，帶著一車的禮物，準備風風光光地參加同學會。結果卻被老同學一眼視穿了他打腫臉充胖子的騙局，並對他極盡嘲諷。好勝心極強的林見清回到北京之後發憤圖強，最終做出了一款備受歡迎的手遊，在業界一炮而紅。之後更是與知名遊戲公司簽約，人生從此走上巔峰。

電影中的情節或許有些戲劇性，但是這樣的事例在現實生活中也比比皆是。我曾經就聽說過這樣一個故事：

有一個男孩生在一個貧窮人家，由於家中經濟條件有限，男孩沒讀過什麼書，就早早進入社會開始打工。年幼的男孩沒有學歷，更沒有什麼技能，只能到一個洗車店，做一名普通的洗車工。有一次，店裡來了一輛嶄新的勞斯萊斯進口車，男孩第一次看到這麼豪華的跑車，出於好奇就忍不住坐上駕駛座摸了一下方向盤。沒想到，男孩的這一舉動被主任發現了，主任衝過來兇狠地打了男孩一巴掌，並對男孩吼道：「這車萬一被你摸壞了怎麼辦？就憑你這個

樣子，洗一輩子的車都不可能賠得起。」主任的話深深刺痛了男孩的心，男孩便從那一刻起，下定決心終有一日要買一輛屬於自己的勞斯萊斯。

這個念頭在男孩的心中從未被忘記，每當工作過程中出現困難想要放棄的時候，這個念頭就會不斷出現，變成了鼓舞男孩前進的強大動力。許多年後，男孩終於成功了，實現了當初買勞斯萊斯的願望。實際上，後來男孩紅極一時，資產更是多到令人咋舌。傳言他不光有勞斯萊斯這一輛車，還有其他四輛，共計五輛世界名車，而這些也不過是男孩名下資產的冰山一角。這個男孩就是香港知名影星——周潤發。

一個人的出生、所在的家庭條件都是無法改變的過去，而能夠改變的只有當下以及未來。面對令人不滿的過去，不必難過、不必憂傷。你要知道，正是因為經歷過種種磨難與困苦，你才會拼了命地想要擺脫現狀，去向外界證明自己的價值。面對那些因為你的過去而打擊、羞辱你的人，你更應該不卑不亢，腳踏實地地走好自己的路，憑自己的本事和能力讓他們臣服。**在這世界上，從來就沒有誰能夠輕易將你打倒，除了你自己。**年輕時因為種種原因被別人踩在腳下的尊嚴，終歸還是要靠我們自己一片一片地撿回來。

網路上曾經瘋狂轉載一張照片：暴雨突然來臨，賣水果的小販無處躲藏，只能蜷縮在小推車底下，滂沱的大雨下，形單影隻的她顯得那麼的寂寥與孤單。而更讓人糾心的是下面評論裡的一句話：「人到了一定的歲數以後，自己就得是那個屋簷，再也無法找地方

躲雨了。」

生活在成年人的世界裡，從來就沒有「容易」二個字。隨便在路上找人問一下，大多都有令人心酸的故事。人生在世，每個人都有自己的艱難和困苦，都有自己必須要面對的戰鬥，誰都逃不了。然而，更可悲的是，經歷多了、堅強慣了你才明白，這世上有一種心酸，叫作靠自己。

靠自己，只能靠自己，聽起來確實心酸，卻無可奈何。這世上就是有很多我們無法改變的事實，只能自己親身經歷，別人無法代勞。即便逃過這一次，後面還是會有更大的困難等著你。就像是唐僧西方取經，看似最軟弱、最不會保護自己的唐僧，卻是意志最堅定的那一個，即便歷經九九八十一難，始終沒有改變求得真經的初心與目標。而事實也告訴他，歷經磨難之後收穫到的，不光是真經本身，還有流傳千古的傳奇人生。

你曾經所經歷過的一切磨難、一切不愉快的回憶，只要利用得當，最終都將變成你的跳板。過去的失敗也罷、落魄也好，都已經是過去的事情。只要保持努力，不斷學習進步，相信自己，一定能夠擁有更加美好的未來。

人生就像是一段向上攀岩的過程，如果只會靠別人幫忙，最終的結果很有可能是連累幫助我們的人。只有對自己狠一點，把經歷過的磨難當成過往的經歷，有用的繼續放入行囊，沒用的就地丟棄，才能走得更遠、走得更快。

愛情、痛苦、死亡，這些都是人生的課程

一位作家說過：「一個沒有任何經歷的人，不管他對文字有著多敏銳的嗅覺，都寫不出真正有深度的東西。」經歷讓我們對生活的體驗更加深刻；經歷讓我們對經驗的掌握更加牢固；經歷讓這些磨練，在我們的心中烙印得更加深刻。每一個成功人士，都是在經歷了大苦大悲、大起大落後，才真正取得成功的；每一個上班族，都只有在職場中摸索衝撞多年後，才會變得更加遊刃有餘。**經歷促使人成長，每一場經歷對於一個人來說都是一筆寶貴的財富。**

有位漁夫，捕魚技術超群，當地人都尊稱他為漁王。但是，讓漁王困惑的是，他的三個兒子的捕魚技術卻很一般，就連一位普通漁夫的兒子都比不過。看著漁王整日愁眉不展、唉聲嘆氣的樣子，鄰居便問他為何如此？

漁王嘆氣說：「我的捕魚技術這麼好，可是我的兒子們怎麼就那麼差呢？」

「你向他們傳授了你所有的捕魚經驗了嗎？」鄰居問道。

「是的，從他們懂事起，我的經驗都毫無保留地傳授給了他

們，但為什麼他們的捕魚技術還是不如一個普通漁夫的兒子呢？」

「你嘗試過讓他們自己捕魚回來嗎？」鄰居繼續問道。

「這倒沒有，我一直站在他們身邊，親自教他們如何捕魚。為了讓他們掌握得更快嘛！」

「這就對了！」鄰居說，「你的錯誤就在這裡，你傳授給他們技術，卻沒有傳授給他們教訓。要知道，沒有教訓與沒有經驗同樣使人難成大器。」

經歷中既包括經驗，也包括教訓。聰明者會在自己的經歷中吸取經驗和教訓，也會從他人的經歷中吸取經驗和教訓。經驗和教訓是記憶裡不可缺少的部分，使人變得沉穩、踏實，是完美人生的必需品。一個沒有經驗的人，什麼事都做不好，一個不懂得吸取教訓的人，就不會記得錯誤，會在同一個錯誤上摔倒兩次、三次，甚至更多次。就像徒有經驗沒有教訓的漁王兒子一樣，只能平庸地過一輩子。

法國哲學家布德爾說過：「愛情、痛苦、死亡，這些都是人生的課程。」苦難經歷對於人生來說，無疑是一所成長學校。它教人們認識社會、人生、順境逆境、成功失敗，並教人們做人的道理。

大多數時候，身處逆境時，我們意志消沉、萎靡不振，抱怨命運的不公平，卻很少將這些痛苦當成寶貴的財富，並從中記取教訓。當打擊、挫折來臨時，我們微笑著告訴自己：「很好，我又有一筆寶貴的財富進帳了，從今以後，我又進步了一點點！」這樣的話，還有什麼阻礙是我們跨不過的呢？

人生的經歷，教會你認識自己的優點和不足，有優點就發揚光大，有缺點就彌補改進。經歷得越多，你對這個世界、對自己的認識就越完善。無論我們經歷什麼，都應該從中吸取經驗教訓，用經驗來充實自己，促使自己進步，用教訓來彌補自己的不足，避免在同一個地方摔倒兩次。那麼，如何才能讓自己做得更好呢？

1.提高自己的生存本領

對每一個人來說，如果想要在職場裡脫穎而出，就必須有紮實的功夫，包括我們對理論知識的掌握，也包括對實際操作的本領。選擇一個行業後，我們就要做好隨時充電的準備，不僅要閱讀相關的專業書籍，還要在自己的工作中累積經驗和記取教訓，並向周圍的人學習，尤其是那些業務能力強、工作效率高的人。

2.與堅強、有智慧的人來往

堅強使人勇敢生活，與堅強的人打交道，你會發現自己經歷的那點苦難，其實根本微不足道，換個角度看，它很有可能成為命運賞賜給你的財富。智慧的人做的必定是智慧之事，與智慧的人打交道，會讓你受到影響、增加知識和經驗，所以可以多接近你認為可以跟著學習的對象。

3.讓苦難升級你的人生

銘記你的一切不幸，將它們一件一件寫在筆記本上，有空就翻開看看，告訴自己：「苦難打不倒我，它們的存在只會讓我爭取成

功的決心更大。」

成功沒有捷徑，唯有突破困境不斷前進

有個年輕人，在大學時期就表現出了超乎常人的商業頭腦，經常在學校做一些小生意，不但養活了自己，還賺到學費。當時他的一位老師大膽地預言，這位年輕人很有可能會成為一位出色的企業家。可是後來畢業多年，這位年輕人並沒有什麼特別的成就，倒是另外一些不被看好的同學有了不錯的發展。

在一次同學聚會上聽說了他的情況，大學畢業以後，他被一家大型企業錄用，每天坐在辦公室裡，沒什麼壓力、很清閒，但其他人卻非常忙碌。後來企業改組，他被列入「留職停薪」名單，這才驚醒，離職後開始創立自己的事業。他先後開過服飾店、燒烤店等，但都賠得血本無歸，還欠下了一屁股債，後來只好到一家小公司賺取微薄的薪水。

這位年輕人的失敗說明了一點：他並不是資質與能力低下，而是他太懶散，沒有為工作竭盡全力。正如天下沒有白吃的午餐，在工作、生活、學習中，不費力氣走的往往都是下坡路。只有能經得起大風大浪、突破重重險阻的人，才能有所成就。

　　成功不是隨隨便便就能取得的，沒有付出就沒有回報。讓我們看看松下幸之助和松下電器公司的一位代理商之間的故事。

　　松下有一次和一位代理商聊天，那個代理商對松下說：「最近的生意不好做，一分錢都沒賺到，你有沒有什麼好方法？」在日本經商，想站穩腳步不是那麼簡單。於是松下便問他：「你父親把店面交給你已經有20多年，目前你店裡也有50多名員工，現在正值經濟蕭條，業績不好也實屬正常。可是到目前為止，你有尿過血尿嗎？」

　　那個代理商答道：「不，我從未有過。」

　　松下接著說：「經營事業沒有想像中的那麼簡單。當你身處逆境時，必須徹夜不眠地思考解決方案，才能擺脫逆境。當你身心俱疲時，尿液就會變成紅色。只要你肯積極努力地去尋找解決問題的辦法，早晚會突破困境的。說法也許有些誇張，但我認為必須有兩、三次小便變紅色的經驗，才能成為一個成功的商人。假如現在你的生意很好，你的尿液當然不是紅色的。可是，這家店已經有40年的歷史了，它不能毀於你手，當身處困境時，你只是訴苦，我認為你沒有付出全力。你們店裡50多名員工的生計還要靠你，你要是不盡心盡力地經營事業，怎能讓這50多名員工跟著你呢？我身為廠商，絕不能因此而降低價格。希望你可以想出讓銷售變好的策略，等你尿液變成紅色的時候，你肯定會想出一個好的辦法。」

　　那位代理商把松下說的話，告訴了那50多名員工，他希望員工們也能有所改變，大家團結一致共同找出提高銷售成績的推銷策略。從那之後，那位代理商每天都要去拜訪兩、三家顧客，並且親

自安排櫥窗裡的產品陳列。半年的努力終於得到了回報，這位代理商的好印象，讓一些零售店的老闆樂於從他那裡進貨，生意也是一天比一天好。

不久以後，松下又碰見了那位代理商。那位代理商告訴松下：「沒有您的一番教導，銷售量也不會像現在這麼好，謝謝您。」

光靠勤奮，並不代表你能夠完成一項很出色的工作，因為你不是天才，但其實天才也需要後天的努力。化學元素週期表的發明者門捷列夫說：「終生努力，便成天才。」文學家高爾基也明確指出：「**天才就是勤奮。人的天賦就像火花，它可以熄滅，也可以燃燒起來，而逼它燃燒成熊熊大火的方法只有一個，就是勤奮、勤奮、再勤奮。**」

成功是沒有捷徑可循的。我們不能因聰明而自傲，想要成功就要經過漫長的累積。著名女企業家玫琳•凱說過：「我們必須全力以赴才能贏，不能有所保留。有些人失敗，是因為他們沒有全力以赴，而不是能力不足或是不聰明、沒有機會等等。當你期待成功時，不妨傾己所能、全力以赴。要相信自己能做到，自信絕對能帶領你走上成功之路。」

有的時候，僅僅是勤奮並不足以取得成功。為了創造好的條件，抓住機會，我們也許需要付出更大的代價。

著名導演張藝謀從小就愛好藝術和攝影，但是因為年輕的時候經濟拮据，為了買一部海鷗相機，實現自己攝影的夢想，張藝謀付

出了很多。這樣的一部相機，在那個年代也是「天價」了，他想了很多辦法來存錢。他悄悄去賣過血，買相機的錢是賣了3個月的血才湊到的。

買了相機後的他似乎更瘋狂了，他拿著相機拍各式各樣的照片，他用相機把他下鄉去體驗生活的過程，以及鄉下的美麗景色都拍了下來，拿到學校裡去給同學和老師看。他的作品得到了老師和同學們的一致肯定，他們認為張藝謀將來一定會成為一名優秀的攝影師。就是因為這台照相機，讓他進入了電影界——後來他考進了北京電影學院。

為了自己的理想，甚至不惜付出「血」的代價。正是這樣的執著，讓張藝謀獲得了巨大的成功。

這些例子證明，成功不是一件簡單的事情。與其盲目地羨慕或者嫉妒別人，不如仔細研究一下別人獲得成功的方法以及犧牲，然後反省一下自己是否能夠付出那麼大的代價。

與痛苦達成和解，擁有一個不凡的人生

遇到困境，有的人抱著信心，並採取行動突破它，有的人畏縮不前，對前景憂心忡忡。那麼到最後，哪一種人能夠屹立不搖，成為矚目的焦點呢？答案當然是前一種人。

有這樣一句話：努力了不一定會成功，但不努力一定不會成功。一個人只有能從困境中走出來，經歷過並超越它，才能成就更好的自己。

郭豔紅，一位年僅18歲的女孩，看起來和周圍的青少年沒什麼不同，但是背後卻有著不同的人生故事。

郭豔紅4歲時，被一場車禍奪去了雙腳。生活在鄉下小村子裡的郭家，面對這種情況，沒有多餘的錢給孩子治療，郭豔紅就用爸爸給她特製的「雙手」行走，用半個籃球來穩住身體。因此，她被當地人稱為「籃球女孩」。

幸運的是，在各界好心人和專業醫療機構的幫助下，郭豔紅在10歲時免費裝上了義肢。不久後，她還得到了一個機會——參加全國第一個殘障人士游泳運動會。

然而，這難得的機會對豔紅來講，卻絕非易事。「我得比其他

孩子付出更多」，郭豔紅賽後對朋友說：「我根本就無法在水裡浮起來，總是會往下沉，差點溺水。」

但是，她最終堅持了下來，成為了一名傑出的游泳運動員。現在，已經長大成人的豔紅，希望有一天能在殘奧會上，為自己的國家摘金奪銀。

無論多麼痛苦的事情，我們都是逃不掉的。除了勇敢地面對它、化解它、超越它，和它達成和解，別無他法。然後，我們便會在這個過程中，得到許多意想不到的收穫，最終成為我們的人生財富。

美國心理學家羅傑斯曾一度陷入孤獨的深淵，但當他面對這個事實並化解後，他成了人際關係大師；美國心理學家弗蘭克有一個暴力傾向並會酗酒的繼父，和一個糟糕的母親，但當他接受這個事實並選擇原諒父母後，他成了治療這方面問題的專家；日本心理學家森田正馬曾是嚴重的精神病患者，但他透過自我挑戰並發明了森田療法。

阿德勒曾經說過：「在生理上的不足能激起精神上的補償。」是的，磨難不僅限於生理，任何的「先天不足」都能激發起人們超乎尋常的努力。

如果你一時沒有戰勝逆境，請不要氣餒。如果你認為事情還沒有到最糟糕的程度，你的人生還沒有到最低谷，那就說明一切都還有轉圜的餘地，事情還沒有到最壞的程度。逆境中的一、兩次失敗，只是為了讓你能夠成為更好的自己。因此，不要懼怕人生中的

困苦，與正在經歷或者即將經歷的逆境，請放開心胸，用寬容的態度接受屬於我們生命中的磨難，保持樂觀、積極向上的良好心態，最終，讓逆境成為考驗我們的利器，而不是阻礙。逆境會使庸者消沉、頹廢，也可使強者堅強、成長，只要記住，面對它並承受它，當你超越了這些困難，就會擁有一個不凡的人生。

未來的你，一定會感謝那個失敗過的自己

面對失敗，誰都免不了傷心。只是有些人已經做好了失敗的打算，因為勝敗乃兵家常事。在不斷追求成功的路上，跌倒在所難免。樂觀面對失敗，表示他們對失敗已經有了一定的承受能力。畢竟，失敗並不是一件令人開心的事情，但對一件事情期望得過高，失敗的打擊將會格外沉重。

失敗之後，要找出失敗的原因，引以為戒，整理好心情，克服低落的情緒，積極投入下一個新的旅程。

失敗常給我們帶來一種錯覺，好像這次的失敗就註定了以後也不會成功。若一個人心裡認定了自己是個失敗者，那麼他成功的機會就會十分渺茫了。其實，失敗只能說明你走了彎路，它提醒你如果想要成功就要改進方法，重新上路。

美國前總統林肯在成功的光鮮外表下，也有一顆飽受磨難的心。他的確是一個真正從苦難中走出來的人。

林肯7歲的時候，他和他的家人被趕出了家門，為了維持生計，他外出打工。在這之後兩年的時間裡，他的母親離世，工作也一度不順，生活十分困苦。

　　1832年，他參選州議員落選，還丟了自己維持生計的工作。他不得不向朋友借錢，希望透過經商來改變當時的窘狀，結果不到一年，他又賠得身無分文，還欠下了很多債務。之後他再次參選州議員，這次終於得到了命運垂青，他成功了，這對於林肯來說無疑是一個極大的鼓舞。

　　在1860年，他終於迎來了事業的巔峰，當選為美國總統。

　　他的人生失敗了35次，其中只成功了3次。他說：「此路艱辛而泥濘，我一隻腳滑了一下，另一隻腳因此站不穩。但我緩口氣，告訴自己，這不過是滑了一跤，並不是因為死亡而爬不起來。」正是因為有這樣的胸懷，才使他在失敗無數次之後，仍然記得鼓勵自己站起來，勇敢地向前看。

　　一次又一次的失敗會大大挫敗我們的信心和勇氣，而林肯失敗了35次之多，可想而知是多大的毅力才讓他一直堅持到最後，甚至還越挫越勇。面對失敗，我們需要不斷給自己鼓勵，正視失敗，從慘痛的經歷中挑出導致我們失敗的地方，進而進行更正。

　　人生不可能不經歷失敗，但是我們卻可以儘量避免失敗。

　　誰都喜歡成功帶來的喜悅和財富，但夢想與現實之間總是隔著一道道荊棘，只有忍著痛走過去才有可能到達成功的彼岸。那些越挫越勇的人，總是在失敗之後總結自己的過失，找到突破阻礙的方法。

　　付出不一定就會有豐碩的果實，我們能笑著迎接成功，也要學會坦然面對失敗。

隨時都心有餘裕地面對各種挑戰

　　適度的壓力能讓人在生活、工作及學習中保持一種緊張的狀態，能夠提升我們做事的效率。隨著社會不斷發展，過於沉重的壓力已經成為人們身心健康的殺手，它導致人們的精神狀態與身體健康出現狀況。透過一些方式來提高自己的抗壓能力，對現代人來說尤為重要。

　　一個人抗壓能力的強弱，取決於其心理素質的好壞，以及對生活的態度。透過一定的方式來更新自己的觀念，糾正自己的行為，調整生活的理念，可以讓我們的生活變得輕鬆。提高抗壓的能力，是我們每個人必須掌握的一門生存技能，以下幾點讓我們一起學習：

1.要始終保持積極樂觀的心態

　　不管發生什麼事，盡可能讓自己開心地面對。哪怕是你不願意接受的結果，也要告訴自己，沒什麼大不了，一切都會過去。盡可能讓自己的生活多一些幸福感，培養出於細微之處發現快樂的能力。英國心理學家夏洛特指出，積極樂觀的心態能夠給予人們早起

的動力，使人們更願意為自己的工作和目標奮鬥。我們做任何事情都保持這樣的心情和十足的幹勁，那麼自然就感受不到壓力了。

2.做自己力所能及的事

不要事事追求完美，更不要好高騖遠，給自己設定不切實際的目標。一個人的能力畢竟是有限的，我們要對自己的能力有足夠清晰的認識。一件事要是超出了我們的能力範圍，失敗的概率就會增大。一旦失敗了，人就容易對自己的能力產生懷疑，更容易產生急躁、焦慮等負面的情緒。

3.不要活在別人的眼光裡

我們之所以逼迫自己去緊跟別人的節奏，就是因為我們總是害怕在別人面前丟臉，怕被別人看不起。事實上，我們更應該關注自己的生活，每個人都有自己生活的亮點，也都有自己的苦衷，讓你羨慕的往往是別人光鮮的一面，卻往往看不到其背後的辛酸。另一方面，別人對你的評價其實並沒有那麼重要，無論是好是壞，你的生活始終照舊，你依然按照自己的想法，朝著理想一步一步前進。至於別人怎麼說、怎麼看，又有什麼意義呢？

4.適當地休息

很多人總覺得時間不夠用，經常要加班到深夜，休假時也沒有放鬆的時間。持續緊張的狀態，會讓人身心俱疲，同時會出現倦怠、焦躁等情緒，進而使心理壓力增大。不管平日的工作或生活瑣

事有多麼繁重，都要適當地安排休息時間，該休息的時候一定要休息。充足的睡眠和適度的休閒娛樂，不僅不會耽誤時間，反而會讓我們以更好的狀態，和更飽滿的熱情投入到工作，有事半功倍的效果。

歐美啟蒙運動時期，德國著名思想家康得，是一位很會安排時間的代表性人物。他每天五點起床，之後便是屬於自己的休閒時間，他會喝茶、看報，思考一天的工作內容等，之後便開始緊張忙碌的工作。

但是，不管工作有多忙，有多少友人需要接待，每天下午三點半，他一定會外出散步，在放鬆身心的同時，整理一天的思緒。他風雨無阻地堅持著這個習慣，很多鄰居看到他出來散步就會知道已經幾點了，甚至都不用去看時鐘。

康得一生所獲得的成就，與規律的生活以及適當地安排時間是息息相關的。

除此之外，我們還可以透過適當的情緒宣洩、運動，或是培養一些對身心有益的愛好來緩解壓力。總而言之，只要我們注意對精神狀態的調整，透過適當的方式，就不會再被生活的壓力壓垮。

古羅馬寓言作家費德魯斯說：「心靈有時也需要休息，這樣才能專注於思考。」在緊張的工作生活之餘，我們也要放鬆自己的心靈，身心也需要放假。眼前的成敗得失不要過分看重，不要把自己逼得太緊。**一個不被壓力所困擾的人，才能隨時上陣線，輕鬆有餘裕地面對各種挑戰。**

沒有人，在前進的道路上不經歷苦難

你已經幸福，只是你從來沒有發現

詩人巴爾蒙特曾說：「為了看看陽光，我來到世上。」大自然是天生的藝術家，連綿的青山、波瀾壯闊的大海、一望無際的大草原，都足以讓你陶醉其中。享受大自然的美好，把這份美好永遠珍藏起來。不管處於人生的哪一個階段，無論是煩悶還是不愉快，都應該讓心靈得到寧靜，用心感受每一個有意義的過程。煩惱並非你所願，但你可以走向大自然，接受大自然的洗滌，再繼續往前走。

不要讓遲疑變成一種習慣

遲疑有時會成為一種習慣，做一件事遲疑，對待其他事物也會習慣性地多想想、多等等。遲疑的人總是有重重顧慮，這些顧慮也不過是他們為自己不能下定決心找的藉口。

記得我小時候，有一次去奶奶家，在家門口的樹下撿到了一隻翅膀受傷的小鳥。小鳥有著嫩黃的羽毛，小小圓圓的黑眼睛十分可愛。我想把小鳥帶回家裡，可是一想到奶奶並不是很喜歡小動物，我只好把小鳥用報紙包起來放在家門口。走進屋子裡，過了很久我才鼓足勇氣，吞吞吐吐地說出了自己的請求。

沒想到奶奶同意了，我高興得跳了起來，急忙跑出家門。沒想到，一隻野貓正叼著那隻小鳥快速地跳到屋頂上，消失在我的視線裡。

在和奶奶說明緣由之前，我因自己的遲疑浪費了時間，而當我獲得奶奶許可的時候，小鳥已經被野貓叼走了。就在這短短的時間裡，一件原本快樂的事，變成了我心中無法彌補的悲傷。

有時候命運就是這麼喜歡開玩笑，我們常常與幸福就差幾秒

鐘，一旦錯過就是幾天、幾個月，甚至是幾年、幾十年的遺憾。人生的常態就是這樣，遲疑會讓人錯過很多事，留下很多遺憾。

一位珠寶商人去世後到了天堂，他發現天堂的入口很狹窄，他前面有長長的隊伍。商人靈機一動，在隊伍尾端大喊一聲：「各位，地獄裡發現了金礦，你們不去看看嗎？」剛說完，在前面排隊的人全都轉過身，飛奔向地獄。

商人走到天堂門口，突然有些躊躇，為什麼去了地獄的人都沒回來？難道地獄裡真的發現了金礦？這時，看門的天使不耐煩地問商人：「你到底進不進去？」商人遲疑地說：「我還是先去地獄看看再說。」正當商人轉過身時，天堂大門「砰」的一聲關上了，再也沒有打開。因為遲疑，商人永遠失去了天堂。

商人原本抱定了「第一個進入天堂大門」的主意，當他看到所有人都去了地獄時，又覺得地獄也許有什麼好處，開始懷疑自己最初的判斷。這種拿不定主意的態度，就是人們常說的優柔寡斷。

哲學家培根說：「優柔寡斷是一種可悲的心理。」面對選擇，我們需要取捨，取捨是一個痛苦的過程，想要得到一些東西，就要放棄另一些。世界上沒有那麼多兩全其美的事，如果一直左顧右盼，只會兩手空空，就像古人所說：「同時追兩隻兔子，一隻也得不到。」

優柔寡斷的深層原因，在於人對自己缺乏自信。當一件事需要立刻去做的時候，優柔寡斷的人會懷疑自己的能力，懷疑自己是否能夠完成這件事。拿定主意後，他們又會懷疑自己的判斷，總擔心自己是不是想錯了。

其實，人生就是自己寫的答案卷，看別人的答案有什麼用呢？何況一旦養成了從眾心理，就會因為懶於思考而漸漸失去自己的分析能力，因為盲從別人而失去判斷能力。

時間就像列車，它有自己的時刻表，只會按時出發，按時到達，不會等待任何人，它經不起任何遲疑。不論何時，優柔寡斷都是在謀殺獲得幸福的機會。

用欣賞的眼光去看待生活，就能得到快樂

最近看了小說《飄》，其中有一句話印象很深刻——假如你用挑剔的眼光看待這個世界，那麼你眼中將是遍地荊棘。

是的，想讓這個世界充滿陽光和溫馨，我們就得用欣賞的眼光去看待它。可是，我們生活在一個隨時都在變化的現實世界中。生活中難免遇到一些不如意的事情，這會讓我們產生抱怨的情緒，進而苛求自己去改變生活。於是，我們的生活出現了矛盾。在生活中，能夠把挑剔變成欣賞的人有幾個呢？

我有一個大齡女生朋友，我們都叫她梅子。梅子就是一個挑剔的女生，對任何事情都要求完美、近乎苛刻。當然，她有挑剔的本錢。美麗的臉蛋、窈窕的身材，還有高學歷和好工作，以及豐厚的收入。這近乎完美的條件，使得梅子永遠高傲得像一個公主。但是梅子的生活並沒有想像中那樣快樂輕鬆，這不僅令她的好友感到奇怪，就連她自己都覺得莫名其妙：我所擁有的一切都比別人好，我對自己要求完美，但為什麼我連一個普通人都能得到的幸福都沒有呢？我對梅子說：「你感受不到幸福，就是因為你太苛刻，過於追求完美，甚至可以說你看待生活的眼光太尖銳了。」梅子想想，可

能就是這樣吧。這個年紀的女孩，誰沒有一群要好的閨蜜呢？但梅子只有一、兩個好姐妹，她不是不需要朋友，而是她太苛刻了，對朋友的要求也太嚴格。像梅子這樣的女孩，怎麼可能沒有追求者呢？但事實上就是沒有，梅子的高傲是所有認識她的人都知道的。偶爾有「不怕死」的追求者，但梅子當然是連一點機會都不會給，這些男人只能自卑地知難而退。

如果不能放下自己近乎苛刻追求完美的心態，那麼眼裡的一切都會變得糟糕起來，這樣還談什麼幸福？所以，追求幸福快樂，就要捨得放下一些東西，例如挑剔、完美和一些不可能實現的夢想。要知道，**世界不會因我們而改變，只有試著去接受、欣賞，我們才能看到美好。**

想要獲得生活中的快樂，我們就必須用欣賞的眼光去看待生活。欣賞不僅僅只是視覺上的感受，它還是一種人生的哲學，更是一種人生的體驗。

不管在什麼時候，學會了欣賞，你便可收穫你想要的一切；懂得欣賞，你的內心永遠充滿陽光。不懂得欣賞的那些人，往往是缺乏愛心或是缺少情趣的人。學會欣賞便能得到幸福，所以幸福總是掌握在少數人的手裡。幸福因欣賞而滋生，欣賞是一種學習的境界。生活在這個世界裡，每個人都有自身的優點和缺點。學會欣賞能看到別人的優點，進而學習別人的長處，久而久之，別人的優點也就成為了你的優點，你可以成為一個更優秀的人。

欣賞是一種境界，可以領悟到別人所不能領悟到的東西。只有

懂得欣賞的人對生活才會有另一番感悟，這種感悟能夠使我們的生活變得輕鬆、愉悅，充滿美感的享受。所以，懂得欣賞其實是非常重要的。

真正懂得欣賞的人，無時無刻都在欣賞生活中的美景。無論你選擇以哪種方式去度過你的人生，你的身邊都會有值得欣賞的美景。但人們偏偏喜歡把目光投向那遙不可及的遠方，因此常常忽略身邊的一些美景。一位哲學家說：「也許我們四處尋覓的良駒，到頭來竟是胯下的這匹坐騎。」我們常常被生活瑣事給困住，最關鍵的原因就是我們疏於欣賞。錢鐘書先生曾說過：「洗一個澡、看一朵花、吃一頓飯，假使你覺得快樂，並非因為澡洗得乾淨、花開得好，或者菜合你口味，主要是因為你心裡沒有掛礙，輕鬆的靈魂可以專注於肉體的感覺，去欣賞、去品味。」

世間萬物都能喚起我們對生命的關愛，只是有時候我們察覺不到而已。漫漫人生道路，我們難免會遇到一些令人憂愁的事情。一位前往沙漠的徒步旅行者，身上只剩半瓶水了，悲觀的人只會認為他在喝掉這半瓶水後，就會被困死在這片茫茫沙漠中。但樂觀的人則充滿了希望，他告誡自己，靠這半瓶水一定能走出這片沙漠。

我們不妨放慢前行的腳步，以一種平和的心境，享受生活中的每一個片段，進而發現生活中的幸福所在。這樣我們才能擺脫塵世的紛擾，發現人生的意義，讓疲憊的心靈得到休息和能量。

沒有裡子的人，反而越愛面子

虛榮心和面子總是息息相關，愛面子的人常常活得並不輕鬆。一個人只要有追求榮譽的欲望，就不可能沒有虛榮心。對於愛面子的人來說，虛榮心是扭曲後的自尊心，是為了取得榮譽和引起人們關注，而表現出來的一種社會情感。他們的虛榮心是自欺欺人，愛面子就是為了保護自己的虛榮心。

報紙上曾經登過一篇文章：

一個一年級的小學生，看到其他同學每天上下學都有專車接送，覺得非常風光。而自己的父母卻是普通工人，自己只能坐在自行車上被其他同學看不起，他懇求做生意的姑姑開車接送自己上學。這種要求得到滿足後卻不知足，這位小學生居然當著同學們的面告訴他們，姑姑才是自己的媽媽，以前來接送自己的媽媽卻被說成是保姆。

小小年紀竟然如此愛慕虛榮，為什麼呢？

隨著人們物質生活水準的提高，許多未成年的學生過分的虛榮心也在不斷膨脹，眼前的物質生活已經滿足不了他們的欲望。例

如：有的同學在慶祝生日時，大家送的禮物自己根本買不起，超出自己的經濟能力範圍，但為了避免被說窮、小氣，也要打腫臉皮充胖子，買一樣的禮物才行。

扭曲的自尊心就是虛榮心，這也是過分自尊的表現。有些人無論何時何地，總要表現出自己高人一等，這就是太愛面子的虛榮表現。凡是虛榮心強的人總是活在自欺欺人的幻想中，但結果往往欺騙不了人，只能自己欺騙自己，只會給自己帶來焦慮。

有一個外型亮眼的大學生，透過網路認識了一個比她大6歲的男人，這個男人自稱畢業於某知名公立大學，父親是企業家，母親是公司股東，自己也有一家公司。而且他外出穿戴的都是名牌，女孩很快地就愛上他。交往一個月後，男人提出要帶女孩去見自己的父母，於是女孩就去領了3萬元給男人，準備和男人一起去買禮物。男人隨後說要去幫女孩買飲料，從此不見人影。

虛榮心是個壞東西，有位心理學家說，虛榮是使人走向歧途的興奮劑，虛榮心能燃起一個人的邪念，使人失去理智，最後導致遺憾的發生。那些太愛面子的人，談吐行為無一不展現出虛榮的氣息，於是騙子往往能從他們身上撈到好處。

在經濟飛速發展的今天，人們的虛榮心愈發膨脹，從愛慕物質、愛慕錢財、愛慕地位等等。時代越發展，人們面對的誘惑就越多，人們的虛榮心也同時在不斷膨脹。一般來說，虛榮心很強的人缺乏自知之明，常常會高估自己的長處。

如果你不知道自己的虛榮心有多強，可以用下列方法測試一

下，看看你是不是個愛面子的人？

（1）在外面吃飯，常常吃不完會剩下很多。

（2）不管是衣服還是小東西，你都愛買名牌貨。

（3）買不起的東西，就算分期付款也要買。

（4）多次因受不了店員推銷而買下商品，回到家卻後悔。

（5）參加聚會時，發現別人穿得都比你時尚有品味時，你會心情鬱悶而很早就離開。

（6）買東西的時候，即使是價格很低，你會用大鈔請人找錢給你。

（7）除了虛榮心強，你還是一個輸不起的人。你非常在意周圍的人怎麼看你，總是愛跟別人比較。

（8）常常為了炫耀自己，不惜說出一些謊言來欺騙別人。

如果以上這些項目你佔了四項以上，說明你的虛榮心已經非常嚴重了。

愛面子的人往往最沒裡子，這樣的人缺乏自信，沒有人會為他們的虛榮買單。只是你一直被自己的好勝心牽著鼻子走，造成越來越明顯的偏差，徒增生活負擔。愛面子的女人，不妨收起你那為數不多的奢侈品吧，帶著它們工作、外出，並不是多麼值得炫耀的事情；男人也要改變愛吹牛的習慣，不要再用這種方式來表現自己的強大。

能夠放下面子，試著相互瞭解，相信社會會更加和諧，對自己

也有更多的好處。請你透過自己的努力取得屬於自己的榮譽，這樣才有面子，這才是最大的光榮。你能取得令人羨慕的成就，何需打腫臉充胖子？

知足常樂，即能體會真正的幸福

人若能知道自己不需要什麼，既是一種智慧，也是一種幸福。試想我們的生活中究竟需要什麼？不過是食衣住行再加上自己的情感與愛好，如果這些東西沒有限定一個範圍，那就好像一個人買電視，黑白換彩色、32吋換50吋、再換家庭影院，這樣無限制升級下去，但其實最適合的，也許不是最貴的。

仔細想想，我們不需要的東西，遠比需要的東西要多。就拿愛情來比喻，你是需要很多優秀的異性對自己癡迷、為自己付出，還是希望自己的愛人能夠真心喜歡自己、和自己生活？答案是明顯的，很少有人留戀不喜歡的東西。而喜歡的東西，都是弱水三千的某一瓢，只要飲這一瓢，其他的不過是過眼雲煙，有或沒有都不重要。

人們都說，女人的衣櫥裡永遠少一件衣服。我朋友就非常喜歡買衣服，儘管她家的兩個大衣櫥已經被她的衣服掛得滿滿的，她還是每天都會煩惱同一個問題：今天又沒衣服穿了。其實她很多衣服都只穿過一次，甚至沒穿過。她每個月定期的計畫，就是為自己選

購新衣，每次都滿載而歸，但每天依然覺得不滿意現有的衣服。

有一天，上司通知她去南部出差，愛美的她原本準備拿幾件衣服，沒想到車票就訂在第二天清晨，她根本沒有時間挑選衣服，只從衣櫥裡隨便抓了兩件。

一星期後，她從南部回來，我問她：「這個月你只有兩件衣服輪流穿，是不是很委屈？」她說：「不會，我的紅色風衣已經成了我的標誌，遠遠走過來，大家都知道是我。現在想想，以前在衣服上浪費的時間還真多，現在才知道衣服少一點，我也依然過得很好。」

人們常常覺得自己的生活被不需要的東西塞滿，生活就像一個眼花撩亂的大衣櫥，讓自己無從選擇，只能胡亂搭配。如果讓自己的衣櫥小一些、衣服少一些，這樣至少能快速選擇，而不是面對上百個選項，光是挑選就花了老半天。

對有智慧的人來說，幸福不在於擁有一個倉庫，而是能在倉庫裡拿到最貴重的寶物。人只有一雙手，要知道自己最重要的東西是什麼，牢牢地抓住，才不算辜負生命。如果一直三心二意，吃碗裡看碗外，到最後手中剩下的，也許是你最不想要的那一個。

貪婪會帶來生活的苦澀，因為貪婪讓你對擁有的東西產生不滿，認為它們不夠好，總想要找一個更好的。它們的實際價值被你大大貶低，你佔據它們，它們卻讓你更加不幸福，這個過程還會不斷重複，你會一直尋找下去，直到找不到為止。難道非要在這個時候，你才肯看一眼自己已經擁有的東西，發現它們的可貴嗎？知足

常樂、接受現狀，發現現實中自己擁有的美好一切，才能讓你體會
到真正的幸福。

因為失去月亮而哭泣，你也將失去群星

成功了會開心，失敗了則會傷心，這是人之常情。

但有成功就必然會有失敗，有得到就必然有失去。一個人在成功和得到時會興奮慶祝，在失敗和失去時，卻不太會將悲傷的情緒抒發。

《大腕》這部電影敘述的是北京青年尤優，為國際大導演泰勒承辦葬禮的故事。因緣際會下，尤優認識了國際名導演泰勒，並受到身體每況愈下的泰勒的囑託，替泰勒舉辦一場別開生面的葬禮。

為了把葬禮辦好，尤優找到好友路易王。在路易王的策劃下，兩人將泰勒的葬禮辦成了一場撈錢的表演。隨之在葬禮即將舉辦、兩人即將成為百萬富翁之際，他們卻得到了泰勒病情好轉的消息。尤優為此躲進了精神病院，路易王更是因為受不了這刺激，一下子瘋了。

戲裡的人雖是演的，但道理卻很現實。我們的生活中經常有贏得起和輸不起的人，這些人在成功時不懂得收斂鋒芒，到失敗之後又不懂得抒發情緒。這樣的人即便一時成功了，也不可能保護好自己的成就。我們何不逆向思考一下，把失去的當作不要的，或視為

本來就不屬於你的！這樣對於已經錯過或失去的，就會看淡很多，也不會產生負面情緒。

　　泰戈爾有句詩：「如果你因為失去月亮而哭泣，那麼你也將失去群星。」既然這樣，最明智的做法就是接受現實。

　　換一種角度來思考失去與得到，你會不難發現，失去固然令人心痛，但失去不一定都是壞事。想想看，誰能保證那些失去的就是對你來說最好、最適合你的？誰能保證那本來就是屬於你的？亦舒說：「**失去的東西，其實從未真正屬於你，所以不必惋惜。**」難道不是嗎？人們常說「命裡有時終須有，命裡無時莫強求」。有些東西不屬於你，就是你搶也搶不來；有些東西註定是你的，你躲也躲不了。得而不喜，失而不憂，這是一種非常高的人生境界。

　　李時珍，蘄州人（今湖北省蘄春縣），明武宗正德年間生人，因為家中世代行醫，李時珍從小就接受了良好的醫學氛圍薰陶。後來李時珍成了一名太醫。在太醫院，李時珍看到了人世間最富貴繁華的景象，接觸了人世間最顯赫高貴的人，然而這一切並沒有令他沉醉，他明白自己追求的是什麼——成為一名好醫生。

　　後來李時珍離開了皇宮，在離開皇宮之後，李時珍仍然可以過著富貴的生活，然而他沒有那樣做。他選擇深入民間，到那些最貧苦的村莊裡救死扶傷。李時珍離開榮華富貴的生活，並沒有任何心情上的起伏，一心一意地想要治療每一個病人，刻苦鑽研每一味藥方，親自嘗試每一種草藥。

　　幾十年如一日的堅持，終於讓李時珍實現了自己的抱負，他編

撰了中華歷史上最偉大的一本醫書《本草綱目》，並因此載入史冊為後世所敬仰。

在當今社會，像李時珍這樣看淡得失的人已經越來越少了，大多數人都把自己的快樂和憂愁建立在得失上，甚至為了少失去多得到，不惜犧牲自己的道德和尊嚴。

人之所以會那麼重視自己的得失，是我們已經將人生是否成功，與物質的得失畫上等號。例如：租房子的人覺得買房子住的人比自己幸福，有房子住的人覺得住別墅的人比自己幸福，一直無限的比較下去，每個人都感覺自己不算是幸福的。

因此，每個人都拼命地去爭取更多的東西，讓自己的生活更加「幸福」。然而物質的增加，永遠都不會讓我們的心靈得到滿足，反而會讓我們受到物質的牽絆。

一個沒有什麼財富的人，過著簡簡單單的生活，其人生未必不快樂、不充實。有一天他中了千萬大獎，一夕之間富有了。有了錢，自然就要想怎麼去花，他的欲望也就越來越大。他不再精打細算地過日子，整天煩惱著要去哪間高級餐廳用餐；他不用每天早上趕公車上班而早起，他直接買了一輛進口轎車，他的生活完全改變了。

不久之後，因為他過於膨脹的欲望，中獎的錢已經被他揮霍一空，他再次過起了清貧的日子。他的心卻再也感受不到以前那種簡單的快樂。他吃過了山珍海味，就不想再吃地瓜、青菜；他坐慣了轎車，就不想再擠公車。山珍海味和轎車畢竟已經成為過去，他只

能陷入現實落差的苦惱中無法自拔。

他這種煩惱完全是自找的，若他一開始對財富就保持一種良好的心態，那又怎麼會有這種情況發生呢？

有一個小公務員，一直過著安分守己的日子。有一天，他閒來無事買了一張彩券，但沒想到真的中了個頭獎。因為平時就很喜歡跑車，於是他用獎金買了一輛跑車，整天開著車出去兜風。

然而不幸的事來臨了，他的車子被偷了。朋友們得知消息後都怕他受不了這個打擊，一直安慰他。看著前來安慰自己的朋友們，他卻哈哈大笑對朋友們說：「你們有誰弄丟了100元，會傷心的？」眾人面面相覷。他接著說：「我用100元買的彩券，然後買了車，現在車丟了，不就是100元的損失嗎？」

這位小職員的心態值得我們所有人學習，只有自己過得幸福，那才是最大的收穫。「不以物喜，不以己悲」，用這種寧靜平和的心態對待人生的起伏，無論是得還是失，都一樣能夠描繪出美麗的人生。

掉了一隻鞋，請把另一隻也扔了

曾經聽說過這麼一個故事：火車就要開了，有一個年輕人匆匆忙忙跑了過來。眼看著車門就要關閉，年輕人急急忙忙地衝了進去，情急之下，他的一隻腳卻被車門夾住了。幸好車門並沒有夾住他的腳，而是將他的鞋夾掉了。這時，火車已經開動了，年輕人迅速地脫下另一隻鞋，毫不猶豫地扔了下去。火車上的人問他為何要這麼做，年輕人爽朗一笑說：「既然已經丟了一隻鞋，我留下另一隻也沒用，不如將它丟下去，萬一有人撿到了，還能多得一雙鞋。」故事很簡單，道理卻很深刻。很多時候，已成定局的事情又何必強求，既然已經失去，不如勇敢捨得，學會放下才能輕鬆前行。

有一個成語叫作覆水難收，當事情已經變得無法挽回的時候，我們應當學會放棄，其實放棄也是一種爭取。一昧地將自己停留在過去的痛苦中，不但徒勞無功，還可能對自己造成更大的傷害。**生活從來都不是盡善盡美的，我們總是在追求完美的過程中學會與生活妥協、與自己妥協。**

　　有一個男孩，在還沒進入社會的時候，家人就告訴他：「這個社會上人心最為險惡，等到你進入社會後，你就會知道社會的險惡和人心的貪婪。你會明白這世上除了你的家人，沒有一個人值得你信任，更不要完全相信一個人，因為他們都只是想盡辦法要佔你的便宜而已。」

　　男孩高中畢業之後，沒考上大學，便開始找工作。然而，他不是莫名其妙地被人解雇，就是覺得自己不適合那份工作。半年的時間裡，他做過業務、送報紙、店員，甚至連建築工地的工人也去做過，卻沒有一個工作做得久。離職的原因千奇百怪，不是因為他討厭老闆和同事，就是老闆和同事對他有意見。「社會就是這個樣子，不管我怎麼努力，到頭來都會遇到壞老闆或者惡同事，讓我所做的努力變得一文不值，既然這樣，我不如早點放棄，省得到頭來功虧一簣。」男孩心裡這麼想著。

　　有一天，有一個朋友問他：「你不喜歡你的工作嗎？」

　　男孩仔細思考了一下：「其實還好，我還是挺喜歡目前這份工作的。」

　　「那你為什麼看起來總是不開心呢？」朋友接著問。

　　朋友的話讓男孩陷入了思考。的確，這麼長的時間以來，好像不是自己遇到的老闆和同事們很奇怪，就是自己覺得有點不適應。每次進入新公司以後，自己對所有人總是充滿戒備。遇到難題的時候不知道問別人，只會自己埋頭苦幹；有人想主動幫自己的時候，自己也總是把對方當成壞人一樣地防備著；同事有困難的時候，自己也不會伸出援手；進入公司好幾個月了，對自己的職位總是一種

可有可無的態度，似乎隨時準備離職。想通之後，男孩不得不承認，如果自己是老闆和同事，可能也不會喜歡與這樣奇怪的人相處。

男孩終於明白，整天疑神疑鬼、胡亂猜疑，對自己沒有一點好處。自己應該放下武裝，培養自己的團體合作能力，積極地尋找生活中的戰友，而不是消極地逃避一切。

捨與得是相輔相成的因果關係，因為某些原因放不下心中的某些事，過分地執著，你以為是對別人的報復，其實到最後因此而受傷的只有你自己。生活中總是會遇見這樣的人，因為某一件小事對某個人有了意見，本可一笑置之，卻總是過不了自己心裡的那關，原本很小的意見隨著時間的流逝並沒有被沖淡，反而變得更大。這樣的人難以原諒別人，自以為堅持自我很有原則，其實只是跟自己過不去。

雖然我們的生活中難免會遇到和我們觀念不同的人，但是這並不代表所有的人都是這樣。我們不喜歡被別人強迫，更不應該強迫別人認同自己的觀念與意見。每當難過的時候告訴自己：**不愉快的經歷其實是我們生命旅程中的磨練，也是催促我們成長的動力**，經歷的事情多了，你的收穫也會更多，人生也會更加豐富。

放慢自己的步伐，讓心靈得到緩衝

在現代快節奏的生活中，每個人為了生計或是夢想，拼了命向前跑。為了可以過著自己想要的生活，總是把自己的神經繃得很緊，似乎除了追趕目標之外，周圍的一切都可以忽略無視。整天在焦慮和匆忙中度過，甚至在忙碌中忘了自己。

想要獲得更大的成就，你必須付出加倍的努力。你想來一場嚮往已久的旅行，卻因為沒有時間而不能實現。你總以為還有很多的事沒有完成，所以你沒有消遣的機會，哪怕只是去海邊走走。然而，當生活只剩下了如機器般的單調動作，又談什麼人生與樂趣呢？用壓力和焦慮換來的未來，值得嗎？

只有懂得品味生活，才能感受人世間的溫情，嗅到道路旁花草的清新和芬芳，體會到冷暖於四季中輪替。你可以為了理想去打拼，但不能一直讓自己處於奔跑的狀態中。在忙碌之餘，請放慢自己的步伐，給自己一點自由放鬆的時間，不忽略沿途的風景，感受大自然的靜謐與寧靜，獲得充分的休息與充電。

美美覺得自己的人生像一杯溫開水，平平淡淡的。美美是一名

作業員，從畢業至今，這個工作已做了20多年。美美並不喜歡這個行業，因為她不知道自己喜歡什麼，也就按照父母的意見去做。在她工作兩年後，父母認為美美應該嫁人了，於是便透過相親認識了現在的丈夫，交往半年後兩人就結婚了，接著就生了孩子。

如今40多歲的美美每當回想起往事，她覺得自己前半輩子只做了三件事，那就是讀書、工作、嫁人，她認為後半輩子應該也就這樣一成不變地過下去。相較身邊的同齡人，美美的模樣絕對稱不上老，但她覺得自己的心已經老了。循規蹈矩的生活，美美都能預料到明天的生活、後天的生活、一年或幾年後的生活。沒有任何改變、沒有任何激情，千篇一律。美美也曾想要有所改變，當她嘗試插花或畫畫等活動時，仍舊提不起任何興趣。

美美看著兒子結婚，然後是孫子的出生。退休後的美美負責帶孩子，但新生命的來臨，並沒有給作為奶奶的美美帶來太多歡喜。美美越來越習慣一個人發呆，思考與行動變得遲緩，漸漸地一種了無生趣的念頭佔據了美美的腦海。等到家人發現美美這種行屍走肉的狀態時，便帶她去看醫生。醫生診斷了美美的病情，並確診為老年癡呆症。對於患上疾病，美美也沒有表現出驚訝或是恐懼，她平靜地接受治療。

迷上攝影對於美美來說是一件偶然的事情，當美美看到鏡頭中捕捉到大自然的鮮活畫面時，一種新生的感覺從心底萌芽。美美買了一台單眼，在說服家人後，獨自外出旅遊攝影。她把自己交給了大自然，沉醉於大自然的一花一草，全心投入到大自然的懷抱。半個月後美美回了家，家人詫異於已年過半百的她渾身充滿活力，因

此有重生的感覺，家人都很高興。之後美美每隔一段時間就會出去旅行，走向大自然，讓身心得到放鬆，感受大自然賦予她的溫暖與愉悅。

給自己時間去休息與放鬆，日子才不至於過得忙碌而乏味。時間是自己創造的，放鬆也是自己給的，即使生活充滿繁雜，感到累了的時候，就應該放慢腳步，讓心靈得到緩衝。用心感受這個世界，你會發現人生中有很多東西，值得我們靜下心來細細品味。

詩人巴爾蒙特曾說：「為了看看陽光，我來到世上。」大自然是天生的藝術家，翠綠的青山、波瀾壯闊的大海、一望無際的草原，都足以讓你陶醉其中。

總之，無論是煩悶還是不愉快，都應該讓心靈得到寧靜，用心體驗每一個有意義的過程。煩惱並非你所願，但你可以走向大自然，接受大自然的洗滌，得到放鬆和能量。

忙裡偷閒的一杯下午茶

在一家餐廳門口有一副有趣的對聯：為名忙，為利忙，忙裡偷閒，且喝一杯茶去；勞心苦，勞力苦，苦中作樂，再斟兩壺酒來。

我們常常感嘆活得太累、過得太苦，因為我們的眼睛總是喜歡緊緊盯著頭頂，常常以物質的豐足、名利的高低，作為衡量幸福的標準。可是當我們真正擁有了金錢、名利以後，並不一定能感受到幸福。為了維持自己所謂的幸福，我們依舊不停地忙碌、奔波，而這些忙碌、奔波又總是讓我們覺得沒有得到理想中的幸福。歲月可以消磨掉我們所有的雄心，當多年後回過頭看你會發現，真正能讓我們感到幸福的，其實是當下那份實實在在的擁有，就好像是忙裡偷閒的一杯下午茶，苦中作樂的兩壺酒。

有一次，我在約旦旅遊，到一個小鎮去尋找古遺址。但四周都是荒漠，走了一段很長的路，也沒有看到盡頭。當時，我一心只想盡快到達目的地，一路上只顧著埋頭走路，累得精疲力竭。眼看就要到達終點了，我終於鬆了口氣。就在這時，我感覺到自己的鞋子裡有一粒小石頭磨得腳很不舒服。

其實，我剛開始趕路時，就感覺到那粒小石子在鞋子裡。但是

那時我一心忙著趕路，不想停下來浪費時間，索性就不理會它。

就直到快到終點，我才捨得停下腳步、脫下鞋子，把那粒小石子從鞋子裡倒出來，讓自己輕鬆一下。

就在我低下頭、彎下腰準備脫鞋的時候，我的眼睛不經意地瞄向了路的兩邊，竟然發現沿途的荒漠和淒涼的景色異常美麗。而自己這一路走來，心思只在趕路上，竟完全沒有留意到這些景色，這一路看來是錯過了不少美景呀。

我脫下鞋子，將那粒小石頭拿在手中，不禁感嘆說：「小石頭呀！原來這一路不停地刺痛我的腳掌，是為了提醒我走慢一點，多欣賞沿途的美景吧！」

在緊張繁忙的生活中，很多人都像上足了發條一般，在城市的快節奏中忙忙碌碌。我們每天忙著處理各種事務，忙著滿足自己的各種欲望，花費大量時間和精力，把我們從物質世界贏來的一件件物品堆砌起來，看著不斷增加的勝利品，我們以為這就是幸福。然而大多數時候，我們得到的只是另一個現實世界，裡面裝滿了比較、茫然、疲憊、煩惱，甚至絕望，唯獨缺少擁有後的快樂和滿足。於是我們困惑了，難道這一切就是我們苦苦追求所得到的結果嗎？

為了追尋心中所謂的幸福，這一路上我們從不敢休息，生怕腳步一慢下來，就會拉開與幸福的距離。每一天，我們都行色匆匆，來不及欣賞身邊的美景，甚至與親人、朋友相處的時間都越來越少。可是，等我們終於把所追求的一切納入懷中時，卻發現已經錯

過了真正的幸福。我們像一艘被自己的欲望劫持的船，眼裡只有彼岸，全然忽視了河岸兩邊美妙的景致，這樣的人生難道不覺得乏味嗎？

讓我們偶爾放慢腳步，經過每天都要走的路，安靜地欣賞路邊的一棵樹、一朵花，慢慢地牽著愛人的手回家，也許一直尋找的幸福就在此。

卸下對生活的種種擔憂，放下對「得不到」和「已失去」的執著，好好把握已經得到的幸福，這才是人生最珍貴的東西。此時此刻所擁有的，才是世界上最真實的幸福。

每一次有奇特的天文現象發生，人們就會將其當作不可錯過的焦點。如果天上的星星都只出現一次，會有什麼事情發生？人們一定都會仰望，每個看過的人都會分享看到的景象多麼神奇壯觀，媒體也一定會在事前事後做足宣傳。當然，這只是我們想像出來的話題，如果星星真的只出現一次，那麼我們一定不願錯過這難得的美景。而事實上，敬業的星星幾乎每晚都出來裝點夜空，面對這熟悉的風景，我們很久不曾抬頭去看一眼。

正如羅丹所言：「**生活中不是缺少美，而是缺少發現美的眼睛。**」我們根本不必費心地四處尋找，美本來就是隨處可見的。給忙碌的自己放個假、放鬆心情，從記憶深處找出那些沒有壓力、使你感到愉快的經歷。在回憶中慢慢安靜下來，你會發現，這個讓自己安靜下來的過程，本身就是一種樂趣。把平日裡的煩憂和壓力丟在一旁，用心靜靜體會快樂的感覺和幸福的滋味，或許那種感覺都

是淡淡的，但你要相信，能被珍藏在記憶深處，它們一定是真正的快樂。

　　我們周圍經常會有這麼一群人的存在，他們工作勤奮、努力，但是脾氣暴躁，生活也因此變得混亂。他們只顧著一直工作，常常忘了身邊的美好事物。久而久之，他們便成了只會工作、不會生活的人，變得越來越不幸福。不幸的是，這樣的人似乎越來越多了。在當今這個快節奏的社會裡，人們常常因為走得太快而錯過很多美好的風景，失去的是一份生命的美好體驗，多麼得不償失呀。無論你的目的地在哪裡，都要記得，請偶爾放慢腳步，靜下心來好好欣賞路上的風景，因為有時候，幸福就是躲在安靜背後的一道風景。

遠離傷害，敏感的你需要一點鈍感力

美國詩人惠蒂爾說：「從不獲勝的人很少失敗，從不攀登的人很少跌倒。」想贏就不要怕輸，想收穫人生的輝煌，就不要怕經歷失敗或是遭受打擊。勝利固然值得驕傲，在拼搏中經受失敗的人更值得尊重。只要你輸得起，就一定有重新來過的機會。

過分在意別人的眼光，只是跟自己過不去

　　每個人都有自己的缺點和不足，這是無法避免的。有不少人因為自己的缺點和不足而感到自卑，拼命地去掩飾和躲避，進而讓本來正常的生活變成了心中敏感的地帶，內心也逐漸變得焦慮。很多人害怕別人對自己的評價不高，害怕自己成為別人嘲笑的對象。這個世界上，大多數人都是不在意你的，太多的敏感是你自找的，焦慮自卑的心理是因為你戴著有色眼鏡看世界的原因。

　　像刺蝟一樣敏感是因為極度沒自信，沒有自信和脆弱的自尊心，讓一個人為自己的失敗尋找各種藉口。久而久之，不僅於事無補，心靈上反而會更加封閉，也會變得更焦慮。

　　20世紀80年代中期，他從一個僅有20多萬人口的北方小城市，考進北京廣播學院。上課的第一天，坐在旁邊的女生問他：「你是從哪裡來的？」極平常的一句話、一個問題，卻成了他當時最大的忌諱。在他的想法裡，出生於一個小城市，就代表了俗氣和無知，沒有見過什麼大世面，在那些來自大城市的同學面前，肯定會抬不起頭來。

　　這個女同學普通的一句話，卻讓他在一個學期之內，像沉默的

羔羊一樣，見到班裡的女生總是躲得遠遠的，連個招呼也不敢打。在第一個學期結束的時候，同班的女生中，能記起他名字的人寥寥無幾。

20年前，她也在北京的一所大學上學。

由於自己有些肥胖，大部分的時間她都一直感到自卑、沒信心。過於敏感的她，會懷疑同學們在暗地裡嘲笑她，評論她難看的身材。

她不敢穿裙子，更不敢上體育課。接近畢業的時候，她的學分還沒有修足夠，不是因為學習不努力，而是因為她害怕參加體育長跑測驗。老師說：「只要你參加長跑，不管多慢我都會給你及格。」但她還是沒有勇氣跑，她害怕自己的身體一旦跑起來，一定會顯得很搞笑，同學們肯定會在旁邊譏笑她。她想跟老師解釋原因，但是自卑感卻讓她不知道該如何開口。她只能傻乎乎地跟在老師的後面，沒有解釋的勇氣，茫然到不知所措。老師下班回家的時候，她還傻乎乎地在後面跟著，老師感到很無奈，勉強給了這個學生一個及格的分數。

後來，兩個人都進入了某電視臺工作，在一個電視晚會上，她對他說：「假如我們一起上學的話，可能永遠不會說話。你會認為，人家是北京來的，怎麼會看得上我呢？而我卻會想，人家那樣一個大帥哥，又怎麼會瞧得起我呢？」

成功的人之所以成功，是他們能夠把自卑轉化為前進的動力，

不斷鼓勵自己前進。身材弱小的拿破崙，當上了法蘭西第一帝國的皇帝，下身癱瘓的佛蘭克林•羅斯福，當上了美國的總統，在人類的歷史上寫下了輝煌的篇章，這是因為他們不會因為自己的弱點而感到自卑和沒自信。

　　沒有自信可能會時常出現，我們無法克制這種情緒，但我們可以運用自己的聰明才智，改變自己的想法，讓自己變得更強大，弱點又如何？只要我懂得珍惜以及豐富我的人生，我忙著要成功，才沒有時間自卑呢！

愛與安全感，可以透過自己來創造

　　相信很多女孩跟對方交往時，最在意的就是有沒有「安全感」。我的很多朋友也常常抱怨，覺得對感情感到很焦慮、沒有安全感。前天我收到一位網友傳給我的私訊，也是關於這個話題的。

　　她寫道：「以前跟男友的感情很好，後來他因為工作關係，一直很忙，沒有時間陪我，我因為一些事情辭去了工作，在家裡閒著沒事。慢慢地我發現我變得越來越焦慮，越來越沒有自信，總是喜歡胡思亂想，總是害怕會失去他。而且現在只要一說到這個問題就想哭，也跟男友說過好幾次，他也理解我的感受，但是他只能盡量抽出時間陪我。我也知道這樣不好，會傷害彼此的感情，每次對他發完牢騷後我都特別後悔，但是有時候又控制不住自己，不知道該怎麼辦。每天都很焦慮，加上長期失眠，感覺整個人快要崩潰了。」

　　心理學上是這樣定義安全感的──對可能出現的身體或心理的危險或風險的預感，以及個體在應對處事時的有力感，主要表現為確定感和可控感。換言之，安全感是一種感覺、一種心理；是來自一方的表現所帶給另一方的感覺；是一種讓人可以放心、安心、依

靠和信任的感覺。

我們每個人來到這個世界上，為了擺脫孤獨，都在積極地尋求安全感，不過大多時候我們走錯了方向。應該很多女孩都和案例中的女孩一樣，覺得只要找一個很愛自己的人，就可以獲得安全感了。但很快就會發現，自己的情緒完全被對方控制。當對方體貼和照顧自己，或是送禮物給自己時，就會感到開心和幸福，若是哪天沒有這麼體貼了，就會感到焦慮不安，毫無安全感可言。

這是因為只把眼光放在了「外部」，而不是「內部」所導致的結果。

以前我在網路上，認識了一位年輕漂亮又事業有成的女孩，她在一家外資企業工作，上班時間忙，下了班也有各種應酬。雖然她的忙碌讓她沒時間陪老公，但是她卻覺得無論如何，都不會為了陪伴老公而放棄自己的工作。

我也替她擔心：「你這樣整天忙自己的事情，不陪你老公，你不怕他被人拐跑嗎？」她說：「安全感不是男人給的，是自己把握的，愛情不是從屬關係，戀愛中的女人也要有自己獨立的生活。絕不能為了愛情而踐踏自己的尊嚴、犧牲自己的生活樂趣。無論多久沒有與愛人見面，我也不會犧牲自己去迎合他。」

即便是在和老公的熱戀時期，她還是堅持著自己的愛好，給自己充分的自由與獨立的空間和時間。她常常去咖啡廳喝杯咖啡，有時一個人看書，有時會與幾位好友聊聊天。

她說過一段話讓我很感動：「生活裡除了工作、愛情以外還有

很多，我必須給自己一點時間，讓自己回到現實的生活裡。在除了愛情之外的生活裡，我覺得自己一個人更有安全感。畢竟男人可能會劈腿，但是我的興趣、我的事業永遠不會背叛我。」

很多女性都希望在愛情、婚姻裡，尋覓一個能夠給自己安全感的人。實際上，另一半不能帶給你安全感的。說不定哪天山盟海誓成空，天長地久的諾言消失。**能給你安全感的不是男人，而是你自己。**

作家張小嫻對心理學頗有研究，她說：「無論女人看起來想要什麼，歸根究底她要的就是很多的愛，跟很多很多的安全感。關鍵在於『愛與安全感』到底從哪裡來？有些人覺得來自男人、婚姻，但我始終認為寄望於他人，你註定會失望。**有時候愛與安全感，可以透過女人自己的努力來創造和獲得。**」

一直沉浸在他人給的安全感中是最不安全的，太過依賴某個人，它會成為你的習慣。當分開來臨時，你失去的不是某個人，而是你精神的支柱。

對於現代女性來說，無論你是職場女強人還是家庭主婦，想要擁有安全感，都必須依靠自己的努力獲得。當你的內心足夠強大之時，無論你處於什麼樣的困境，遭遇什麼樣的變故，你都不會焦慮，而是能輕鬆應對。如果你的內心像最前面的那位女孩一樣脆弱不堪，即使你遇到了一個很愛你的人，你也依舊沒有安全感。

愛情中的安全感是自己給的，工作、生活、學習中的安全感也是如此。把希望寄託在別人身上，總有一天會失望，最可靠持久的安全感是自己給的。

上帝給人間的苦難與月光一樣的均等

女人總是覺得自己長得不夠正，身材不夠辣，抱怨上天不公平，為何自己沒有一張明星臉，看來這輩子與娛樂圈、上流社會無緣了。

愛計較的人總是羨慕別人生在富貴之家，而自己卻出身貧寒，沒有可依賴的靠山，怨嘆命運和人生，自己奮鬥多年不如別人的起點。

但就算你不是天生的美女，也不會阻礙你在職場上成為耀眼的「明星」；如果不是生在有錢人家，你的才華反而更容易被發現和認可。

有位聞名遐邇的雕塑家和經營雕塑精品的大老闆，雖然她腿有殘疾，但她在過去的十幾年中從未停止工作。當有人對她說：「如果不是殘疾，你應該會更有成就。」她卻豁達地笑笑，回應道：「你說的也許有道理，但我並不感到遺憾。因為我如果沒有小兒麻痺，肯定早就去當農民了，哪有時間堅持學習，掌握一技之長呢？從這個角度來看，我應感謝上帝給了我殘缺的身體，同時也給了我堅強的信念和立志成才的勇氣。」

不要再整天怨天尤人，對自己的生不逢時感到不滿，認為自己生活在水深火熱之中。既然你沒有孔明「運籌帷幄，決勝千里」的智慧扭轉時局，也不懂姜太公「能掐會算」的神功洞察未來，唯一能做的就是懷著一顆平常心，去接受生命給予你的一切。

因為生命本來就是喜怒無常且變幻莫測，對於人生旅途中的遭遇也無法預知，老天不會與你商量後才去創作「劇本」。現實已無法改變，與其低頭鬱悶，倒不如放開心胸去接受，無論是天崩地裂還是電閃雷鳴，既來之則安之，你才能找到幸福的道路。

有個女孩，一生下來就雙眼失明。她一生中只從事一件工作：種花。

父母也曾帶她四處求醫，但都以失敗告終。從她懂事那天起，性格上便有些膽怯和自卑，進入青春期後的她，甚至試圖用安眠藥自殺，幸好被發現後及時送醫撿回一命。從鬼門關走了一遭後，她像變了一個人似的，重新地認識和接受自己。她覺得既然生命給了自己這樣的磨難，也正是對自己意志堅定的考驗。於是她努力學習，雙眼失明的她用一顆關愛的心去感受生活。

從特殊學校畢業後，她繼承了母親的工作。母親是遠近馳名的花藝老師，然而她天生是個盲人，不知道花是什麼樣子。別人告訴她花是美麗的，她便用自己的手細細地觸摸，從指尖到心靈，真切地體會著美麗的含義；有人告訴她花是香的，她便俯下身去用鼻子小心地嗅著花的芳香。幾十年過去了，女孩像對待親人那樣對待著花朵，據說她種出的花，是這城市裡最美麗的。

　　這個女孩種了一輩子的花，卻從來沒有見過花是什麼樣子，然而她是快樂的，因為她接受了真實的自己。

　　快樂的真諦是「接受」，學會「接受生命的給予」，再加上後天的努力，你就能邁向成功與幸福。人活在世上，都會有不順心的事，也都會遇到困難和逆境。有的人意氣風發，有的人萎靡不振，我們需要有一個良好的心境，去坦然接受生命的給予。只有接受了，你才能夠走好人生的下一盤棋。

　　有句話說：「上帝給人間的苦難與月光一樣的均等。」這個世界上，沒有人活得容易，更沒有人整天被鮮花與掌聲包圍。所以，你無須再抱怨命運的不公平，從現在開始接受生命帶給你的一切，展開雙臂去擁抱這一切，你將體會到人生最美好和幸福的時光。

光出現了，黑暗就消失了

不久前，網路上盛傳一則有趣的小故事，叫作《缺失的一角》，它對於要求完美主義而無法自拔的人來說，或許有很好的啟發：

有一顆小圓球不小心被撞掉了一塊，它變得不再完美，這讓它感到很自卑，一心想找回那缺失的一角。因為殘缺，小圓球滾動起來非常緩慢，一路上它與鮮花為伴、與昆蟲為伍，問它們是否見過自己缺失的那一塊。路上它也找到過很多零碎的角，但都跟自己不匹配。

即使這樣，小圓球並沒有放棄去尋找。因為自己本來應該是完美的，缺了那一角就成不了圓球了，就不是自己了。為了尋找到丟失的碎片，變回完整的自己，小圓球不辭辛苦地不停滾動。終於，皇天不負有心人，在一個陽光燦爛的日子，小圓球在一片草叢中找到了自己的那塊碎片，重新成為了一個完美無缺的球。

但是因為變得完美的它滾得太快了，以至於沒有時間關心身邊發生的一切，看不清周圍美麗的花海，聽不到蟲兒的呢喃，感覺不到生活的美好。小圓球忽然覺得自己不像以前那樣快樂了，整天鬱

鬱寡歡。

　　意識到這一點，小圓球毅然丟掉了那塊，歷經千辛萬苦才找到的碎片，它又可以走走停停，欣賞路上的風光了。

　　事事苛求完美，實際上就是在難為自己。**當一切都完美無缺，再沒有任何可以修補的地方時，也就無法體會到缺失的魅力和停留的樂趣了。**

　　生活中本來就沒有什麼是「必須」的，所有的「應該」和「必須」，都只能讓我們陷入不滿足、自怨自艾的惡性循環中。唯有從完美的畫地為牢中掙脫出來，才能自然地流露出自己真實的一面，從容地面對生活。堅強也好、脆弱也罷，都是人性中固有的一部分。反倒是刻意壓抑著天性，才會徒增煩躁，無益於身心。

　　一位叫淑媛的女生，是某外商的高級管理階層。每個工作日的早晨，她不情願地從床上爬起，儘管昏昏欲睡，但出門前，她還是會對著鏡子擠出一個微笑。她告訴自己：我必須要精神飽滿，我應該展示出自信和快樂。這些「必須」和「應該」的背後，實際上是她潛意識裡的座右銘：「低落」是不對的，「疲倦」是不好的，「脆弱」是會被人嘲笑的。

　　每天，淑媛都用自信的面具把自己偽裝起來，掩藏自己的內心。陽光的笑容後面，是隱隱約約的沮喪。就算在工作或生活中遇到了什麼挫折，淑媛也會裝作一副不在乎的樣子，始終把自己最幹練、最堅強的一面展示出來，她總在心裡對自己說：「我不能哭、我不能放棄、我不能那麼脆弱，我必須要勇敢、要堅強。」

　　當聽到別人說：「你真是個堅強的女人」、「我真的很佩服你，換作是我就做不到」時，她會感覺內心有一種優越感、成就感。但實際上一人獨處時，一股莫名的悲傷便油然而生。當然，第二天她還是會像往常一樣，精神奕奕地出現在大家面前，就像什麼事也沒有發生過。

　　像淑媛這樣，她是真的快樂、真的堅強嗎？事實上，正如人們沒看到的，她其實是脆弱和無助的，也許連她自己也想知道，究竟要怎樣做才能獲得心理上的快樂？

　　張德芬說過：「凡是你抗拒的，都會持續。因為當你抗拒某件事情或是某種情緒時，你會聚焦在那情緒或事件上，這樣就賦予了它更多的能量，它就變得更強大了。這些負面的情緒就像黑暗一樣，你趕不走它們。唯一可以做的，就是帶光進來。**光出現了，黑暗就消失了，這是千古不變的定律。喜悅，是消滅負面情緒最好的光。**」

　　如果你一直懷疑自己、否定自己，那麼生活中的一切也會受到負面的影響。一個人的快樂與否，完全取決於他對待生活和對待自己的態度。當一個人能夠從根本上接納自己、喜歡自己時，他離幸福就不遠了。

　　每個人心裡在不同時期都有某種聲音，它無時無刻地準備抓住我們的失誤和弱點，然後做出嚴厲的批評，讓我們感到痛苦和失望，並且摧毀了自信心。假若能拋開這個聲音，完全地接受自己，認為自己是值得被愛的、樂觀的，那麼不管自己有多少缺陷，曾經

犯過多少錯誤，都可以平靜坦然地接受。

　　生命中充滿了奇蹟，不管是誰都有創造奇蹟的機會。但前提是你要成為你自己，如此才能看到這個世界的更多美好，才能體會到生活的愉快，才能真正地去愛、去創造生命的無限可能。

輸得起，才有重新來過的機會

我們經常會遇到這樣的情況，越是擔心某件事就越會發生。在面對一些重要的任務或者事件的時候，上天彷彿是在跟人們作對一樣，越是怕出錯，就越是會出錯。你們可以仔細想一下，你今天有重要會議，前一天晚上乞求著隔天上班千萬別遲到時，往往會出現交通嚴重堵塞的現象；你下周準備期末考試，乞求千萬別在考試前生病，往往在臨近考試前幾天就會突然生病。這種情況我們有句俗語可以解釋——你怕什麼，就會有什麼，也就是所謂的墨菲定律。

美國著名的空氣步槍選手馬修・埃蒙斯就深陷這個困擾中。

在2004年的雅典奧運會賽場上，來自美國的射擊選手馬修・埃蒙斯，前9槍射出了優異的成績，人們認為只要他能正常發揮，得到金牌應該是十拿九穩了。可是意外偏偏就在這時發生了，馬修・埃蒙斯竟然將子彈打入了隔壁的靶子上，而且是個10.6環。就這樣埃蒙斯丟了一塊奧運金牌。在四年之後的北京奧運會上，埃蒙斯再次上演了這樣的悲劇。在倒數第二輪領先第二名4環的情況下，他最後一槍又出現了嚴重失誤，只打出了4.4環，於是埃蒙斯再次將金牌拱手讓人。當然，悲劇也不會因此結束，到了2012年的倫敦奧

運會，埃蒙斯再次在最後一槍出現失誤，將已經捶手可得的銀牌讓給了一位韓國選手。

美國斯坦福大學研究人員發現：人的大腦中想像的某一圖像，會對人的神經系統進行刺激，將自己假設的情況作為真實情況，並會為之努力。就像前面提到的埃蒙斯，在射擊之前，他總是感到焦慮，擔心自己得不到好成績，於是他會一再告訴自己不要將子彈射偏，這時候他的大腦便會自然地形成一種子彈射偏的清晰圖像。結果就像是開玩笑一般，子彈會偏出靶心。

由此可見，在處理一些關係重大的事件時，要懂得放鬆心情，不要將失敗的結果看得太重要，不要一直處於焦慮的狀態。改變心態，失敗一次又如何，大不了重頭再來。

美國有一個年輕人名叫麥基，出身貧寒，也沒接受過高等教育，但憑著不凡的勇氣來到波士頓闖蕩。

在波士頓，他結識了一位朋友名叫荷頓，並合夥開了一家布店。後來，他愛上了荷頓的妹妹，卻遭到了荷頓反對。因為荷頓認為，麥基沒有什麼才華和背景，根本配不上自己的妹妹。最後，麥基只能帶著荷頓的妹妹離開布店，重新開始他們的生活。

婚後，麥基自己開了一家經營針線和鈕扣的小店。本以為能大賺一筆，結果生意非常慘澹。麥基從這次失敗的經驗中明白了，不僅要考慮客戶的需求，還要考慮顧客購買的可能性——有誰會為買一個鈕扣走這麼遠的路呢？

在那之後，不甘心的麥基又先後開了兩家布店，但結果都以失

敗收場。不過，他也因此更瞭解經營之道。像是做生意要處理好進貨到銷售過程中的各個環節，任何一種經營策略都要結合具體的環境才能發揮作用等。成長的代價總是慘痛的，幾經波折之後，他幾乎賠光了所有積蓄。

就在這時，當年嫌他沒有本事的荷頓卻找上門來，表示願意提供資金讓他東山再起。荷頓認為，麥基這些年雖然經歷了很多失敗，但也從失敗中汲取了很多經驗，增長了許多智慧和能力。如今，麥基已經是一位合格的合夥人。

在荷頓的幫助下，麥基又開起了自己的商店，並在很短的時間內開設了許多分店。十年之後，麥基的生意擴大了數十倍，並成為全世界最大的百貨公司之一。

成功往往都是屬於輸得起的人，他們不是未曾被擊倒過，而是在被擊倒之後，仍能堅定地站起來、向著前方勇敢地前進。

美國詩人惠蒂爾說：「從不獲勝的人很少失敗，從不攀登的人很少跌倒。」想贏就不要怕輸，想要成功就不要怕經歷失敗或是遭受打擊。勝利固然值得驕傲，在拼搏中經受失敗的人更值得尊重。只要你輸得起，就一定有重新來過的機會。

不覬覦別人的光鮮華麗，就不會迷失自我

在生活中，充滿著喜歡到處比較的人，工作職位比別人低，收入比別人少，就會自怨自艾，抱怨這個社會不公平。他們常常拿別人的標準來衡量自己，給自己帶來焦慮和迷惘。

小謝和阿明是老同學。大學畢業之後，他們被分配到同一個鄉鎮單位上班。他們都是從基層做起，可是沒過幾年，小謝就被調到市區去了，後來又順利地被調到了總部，過得如魚得水。

可是阿明的運氣就沒那麼好了，他在那個鄉鎮單位裡，默默無聞地一待就是20年，從年紀輕輕熬到了斑斑白髮，卻還只是個基層公務員。

有一次同學會，小謝滿面紅光、意氣風發的樣子，讓阿明心裡嫉妒不已。他把心自問：自己哪方面比他差？想當初在學校的時候，自己每個科目成績都比他好。阿明想起自己與小謝天壤之別的生活，他的心裡總是很悶。

這天下班後，心情不好的阿明去了一家餐廳，一個人在那裡喝悶酒。因為人多，有人就併桌坐在他的對面，見他悶悶不樂，就問他：「看您心情不好，是發生了什麼事呢？」

阿明仰頭就飲盡了一杯酒，然後嘆了一口氣說：「你不知道，我這輩子真夠倒楣的，在公司裡熬了20年，如今還在原地踏步。」阿明邊說邊又給自己倒滿酒，「可是和我一起畢業的同學早就調到總部了，你說我怎麼這麼命苦呢？他有什麼本事？憑什麼就能受到重用？」

阿明心裡始終放不下，開始日日酗酒。在一年後的一次體檢中，阿明被檢查出患了肝硬化，醫生說是飲酒過量導致的。

每個人都是不一樣的，這註定每個人的人生都將是千差萬別的。有些人總習慣拿別人的標準來衡量自己，他們看見別人比自己強就心理不平衡，進而對自己提出各種苛刻的要求，或者抱怨不公平的待遇。

小文在一所名牌大學讀完研究所後，進了一家著名的外商公司工作，同事都沒有她的學歷高，或者沒有她的專業知識。為此，她很有優越感，覺得自己肯定會比這些人更容易得到重用。

兩個月後，當她仍然在做基礎的工作時，上司居然提拔了只有專科學歷的曉月，擔任這個組的副主任，負責結算工作的審核，這讓她感到失落和不滿。

她想不通為什麼會這樣，她覺得上司不公平。她整天想著這件事，甚至無心工作，只想趕快跳槽。有一天在結算時，她因為分心而把一筆投資存款的利息重複計算了兩次。雖然沒有給公司造成實際損失，但整個公司的財務計畫卻被打亂了。

事後，小文並沒有覺得自己犯了多大的錯誤，她覺得這不過像

是做錯了一道數學題目一樣，只要改正過來，下次注意就是了。她這種滿不在乎的態度，讓上司很不放心，以後再有什麼重要的工作，就找藉口把她「晾」在一邊，不再讓她參與了。

小文覺得更不公平了，當她的抱怨傳到上司耳朵裡時，上司找她談話：「其實，我們最開始的計畫是讓你在基層鍛煉一段時間，然後讓你擔任更重要的職務。不過，讓我們失望的是，你一直在抱怨我們對你不公平，卻沒能做好基礎的工作。所以，並不是我們沒有給你機會，而是你自己不懂得把握機會。」

沒過多久，小文就辭職了，而她也終於知道，她不是敗給了別人，而是敗給了自己。

盲目的比較只會讓自己徒增焦慮，就在自怨自艾之際將自己的命運交給了別人，只是在自毀前途。

在現實社會中，總有那種什麼時候都能看見別人身上的好處，卻看不到自己優點的人，他們只會追隨別人的生活，卻不懂如何安排自己的生活。對於一直盲目追隨別人的人來說，過度的虛榮會讓他們在落後中自尋苦惱，形成強大的壓力進而迷失自己。

其實，每一個人都無需和別人作比較，不論怎麼比較，總會有比你強的人，也有比你弱的人，何必自尋煩惱呢？比著比著，你就會變得更加消極，總是覺得自己不如別人。千萬不要總是拿自己和別人比較，以免壞了自己的心情，降低了你對幸福的知覺！

懂得享受平淡生活，知足才能常樂

有一位作者在接受採訪時，談到他的「獨門快樂祕訣」：「忘記痛苦，幸福就待得越來越久；忘記衰老，年輕就活在歲月深處；忘記傷害，溫暖就活在眼睛裡；因為你愛別人，別人才會更愛你。」

我們無法讓名譽、收入，都達到自我想像的預期，所以要盡可能避免對「完美」的執迷不悟，對自己說一句「已經夠好了」；從踮著腳尖眼巴巴地張望，轉而去做一些能力所及的事，那才是有意義的事。合理的計畫、堅韌的信心，從挫敗中獲得的經驗教訓，這些才是有可能讓你成功的資本。

有一對新婚夫婦，幾年來因為瑣碎的小事，當時的激情和甜蜜越來越淡，每天為了賺錢忙得焦頭爛額。

其實，他們的經濟狀況也並非捉襟見肘，只是不算小康家庭。為此，妻子為了想要過更好的日子而整天悶悶不樂。她總想要是有了更多的錢，他們就能吃得更好、穿得更好、用得更好……可是目前他們的錢不夠用，只能維持最基本的日常開支。

丈夫是個很樂觀的人，在生活中不斷尋找機會開導妻子。

有一天他們去醫院探望一個朋友，朋友向他們訴苦，説自己的病是被累出來的，常常為了工作沒吃飯、不睡覺。

回到家裡，丈夫就問妻子：「如果現在給你一筆錢，但同時讓你跟他一樣躺在醫院裡，你願意嗎？」

妻子想了想説：「不願意。」

過了幾天，他們去郊外散步時，經過路邊的一間漂亮別墅。從別墅裡走出來一對白髮蒼蒼的老者，丈夫又問妻子：「假如現在就讓你住在這樣的別墅，但同時你要變得跟他們一樣老，你願意不願意？」

妻子不假思索地回答：「我才不願意呢！」

又過了一段時間，某天晚上夫妻二人在家吃晚飯時，看到電視裡播報的一則新聞：『警察破獲了一起重大集團搶劫案，主犯因搶劫金額龐大（一千萬），而被法院依法判處重刑。』

此時，丈夫看著妻子，問她：「假如給你一千萬，讓你像他一樣一輩子關在牢裡，你要嗎？」

妻子生氣了：「你胡說什麼呀？給我一座金山我也不要！」

丈夫笑了：「這就對了。你看，我們現在其實已經夠好了。我們擁有生命，擁有青春和健康，這些財富已經遠遠超過了一千萬。我們可以透過勞動創造財富，你還擔憂什麼？」

妻子沒有説話，把丈夫説的話思考了一下，覺得很有道理。從此，她也變得快樂起來。

契訶夫説：「要是你的手指頭插了一根刺，那你應當高興，因

為這根刺沒插在你的眼睛裡。要是你的火柴在口袋裡燃燒起來了，那你也應當高興，因為你的衣服不是火藥庫。」的確，知足才能常樂。知道「足」與「不足」的區別，要知道「夠用就好」的道理。

有人說生活是杯中酒、碗中茶，也有人說生活就是柴、米、油、鹽、醬、醋、茶。一個沙發、一杯好茶、一本好書，有人就能滿足；住上別墅、開上跑車、擁有愛情，這樣的人卻不知足——不同的只是每個人的心境罷了。

生活猶如一條河流，伴隨著走過的痕跡，無論怎樣物換星移，都能用「不與他人比較」的心態接受所有的色彩。正如法國思想家伏爾泰所說：「**能夠享受平淡生活的人們，才能真正領悟人生的真諦。**」

一個人有軀體，不一定有生命；有生命，卻不一定有靈魂；有了靈魂，不一定有感情；有了感情，不一定有生活——只有生活才是我們的重心。別再把自己的生活放置在別人的標準和眼光中，站穩自己的重心，理性地看待「夠」與「不夠」、「好」與「不好」，便不會再有比較和得失。

遲鈍的力量，是贏得勝利的手段和智慧

在工作中，有很多人喜歡裝作能力很強，生怕被周圍的同事看不起，想讓所有人都知道自己是一個有本事的人；但其實，真正有本事、有能力的人都喜歡裝傻，這叫大智若愚。你怎麼看某個同事都覺得他有點傻？其實他是在裝傻。在職場上，你只有懂得「裝傻」，才不會成為一個傻瓜。

在其他同事的眼裡，那些喜歡「裝傻」的同事，就是一個不識時務的頑固者，是別人眼中環境反應的遲鈍者。但經過時間的考驗，很多聰明人卻站不住腳，被一波又一波的大浪捲走，剩下的僅有「遲鈍者」，他們以堅韌不拔的精神，閃耀出金子般的光芒，最終獲得公司主管的賞識，前途一片光明。這個時候你就會發現，原來他們是大智若愚，是真正有智慧的人。

尤其對於剛入職場的菜鳥來說，「裝傻」不僅是一種策略，更是一種智慧。

經過多年的辛苦經營，某公司成了該行業的領導企業之一。但同時公司面臨的挑戰與壓力也與日俱增。一方面競爭對手窮追不捨，公司的市場不斷受到蠶食；另一方面，行銷體系及相應的制度

都有些混亂，區域市場的管理出現許多漏洞。

小戴和芳芳都是這家公司剛挖角過來的兩名高級行銷人才，擔任公司的行銷副總監，分管不同的市場，共同向總經理及董事會彙報。這家公司會挖角小戴和芳芳這兩位高級人才，是為了解決公司當下面臨的問題與挑戰。

從工作背景來看，兩個人十分相似。皆畢業於不同的知名大學，都曾任職於著名跨國企業，而且二人都對工作充滿高度的熱情與信心，迫切希望透過自己的努力做出成就。在公司舉行的歡迎會上，兩個人都向董事會許下承諾：「一年半之內會讓自己所負責的區域市場，有很大的進步。」

正式上任後，他們同時做的第一件事就是改革，從體制、人員和行銷方案等方面，運用外資企業一套成熟的制度進行改革。雖然職業背景非常相似，但小戴和芳芳兩人的工作風格卻大相徑庭。小戴很有外企經理人的工作風範，做事雷厲風行，而且說話直言不諱。他的洞察力與市場判斷力，讓許多下屬非常佩服。而芳芳平時總是憨憨地笑，性格不溫不火，做事淡定從容。許多人都認為小戴會比芳芳更能做出成績。

一年的時間過去了，芳芳提前兌現自己的諾言，小戴負責的那塊市場仍像死水一般，在期限到來之前，局面扭轉的可能性幾乎為零。

上述故事中的小戴做事快狠準，而芳芳則給人傻大姐的感覺，按理說應該是小戴能更快獲得成功，結果卻出乎意料。其實，這樣的結局亦是在意料之中。小戴自以為聰明，芳芳讓人覺得自己很

「傻」，其實她才是真正的聰明。

　　所謂的「裝傻」也就是說要有一種「鈍感力」，「鈍感力」一詞是日本著名作家渡邊淳一發明的。按照渡邊淳一自己的解釋，「鈍感力」可直譯為「遲鈍的力量」。即從容面對生活中的挫折和傷痛，堅定地朝著自己的方向前進，它是「贏得美好生活的手段和智慧」。

　　讓你具有「鈍感力」，並不是教你變得遲鈍，它強調的是對逆境的一種忍耐力，是厚著臉皮對抗外界的能力，是一種積極向上的人生態度。「鈍感」有點像大智若愚，我們生活在一個快節奏的社會裡，過於敏感反而容易受到外界的傷害，而鈍感雖給人感覺遲鈍、木訥的負面印象，卻能讓人們不覺得煩惱、不會氣餒，鈍感力類似一種不讓自己受傷的力量。在各自世界裡獲得成功的人士，其內心深處一定隱藏著一種絕妙的鈍感力。

　　職場就是一個弱肉強食、爾虞我詐的生態圈，在這個圈子裡，大家互相的競爭在所難免，優勝汰劣也是常態。保持一定的敏感度是必要的，但是更為重要的是，對自己價值的內在認同、對目標實現的堅定，進而在努力的過程中，有意識地去排除各種干擾。正是這種貌似「遲鈍」的頑強意志，使人能夠突破重重障礙、步步向前，最終實現自己的夢想。

　　遲鈍是一種大智慧，是大智若愚的表現，它比「聰明」更能幫助人成長與進步。因此，在職場上那些自以為聰明的人，往往是

「跑龍套」的角色。那些會「裝傻」的人，才是真正聰明的人，他們是大智若愚，該精明時精明，該裝傻時裝傻。

不抱怨，大方地擁抱這個世界

你的寶貴光陰不要虛度在無限的憂愁和煩惱之中，不要與身邊的美好失之交臂，去做更多有意義的事情吧，勤奮上進的生命是沒有容納抱怨的餘地的。只有放下這些負面情緒的干擾，才能開心的迎接美好未來。

過去的已經過去，
現在的一切也終將成為過去

名利和財富並不是越多越好，如果你在追求這些的時候迷失了自己，不懂得知足、過度癡迷，那你也不會真正得到快樂，所謂知足常樂，就是這個道理。此時如果看不到你已擁有的這些美好，就會變得越來越暴躁、苦惱。許多時候，我們之所以感覺不幸福、不快樂，多半是我們的不知足所導致的。

小悅在某家公司做行政工作，收入很一般，但非常喜歡購買流行的衣服，而且熱衷於某些名牌。剛到公司時她才23歲，公司裡的一個同事小宇愛上了她，並向她求婚。小悅原本不喜歡小宇，但考慮到他的收入比自己好很多，而且小宇對自己言聽計從，就答應了他的求婚。

婚後的生活雖然不富足，但也衣食無憂，而且兩個人都在同一家公司，每天出雙入對也非常愜意。但是，小悅漸漸開始厭倦婚後的生活，而且開始抱怨錢賺得太少，甚至以小宇沒有出息為理由羞辱他，並揚言這樣的生活缺少情趣，想要離婚等等。

就在這個時候，一個比較風流的花花公子阿豪走進了小悅的生

命，阿豪垂涎於小悅的美貌，並且瞭解到小悅的家境，感覺有機可乘。而小悅也正在為小宇的「無能」煩惱，兩人一拍即合、各取所需。

然而天下沒有不透風的牆，小悅的老公小宇得知了此事，憤怒地責罵她，最終也離婚了。小悅更加無所顧忌，而且對於阿豪的要求也越來越高。她要求更高、更有品質的生活，希望能像公主一樣參與上流社會的宴會，然後和貴婦們一起喝杯下午茶。而阿豪本來也只是愛慕她的美貌，但看到她如此貪婪，不免有些後悔。最後，阿豪開始躲著小悅，在小悅的生命裡消失了。小悅的生活又重新回歸了正常，而此刻她連自己的家都弄丟了。

已經擁有的一切是財富，也是幸福，但偏偏有些人對擁有的不知珍惜，對於不是自己的卻一直盼望，得不到卻又心生抱怨，像這種人是無法真正地享受生活的。所以從現在開始，盤點你擁有的東西，並請你珍惜所有。

人之所以痛苦，就是因為追求不適合自己，或者對自己而言不重要的東西。 如果我們只是盲目地追求，而無視身邊的美好，那麼幸福也會遠離我們。靜下來想想，什麼才是你人生中真正需要的東西，只要我們珍惜擁有的，那麼我們就是富有和快樂的。

過去的已經過去，現在的一切也終將成為過去，我們所能做的，只有珍惜現在擁有的，而不是沉浸於失去中。人生沒有彩排，每天都是現場直播。假如你經歷過病痛的折磨，你就會瞭解到你曾經擁有的健康是多麼幸運與快樂，你就不會再抱怨你缺失了什麼。

朋友，沒有人知道未來，但你唯一能做的就是珍惜此刻所擁有的一切！

有些東西要拿得起、放得下，有些東西得不到也不要強求，自己要懂得生活，才能體會到生活的樂趣。只要沒有太多的奢求，平淡的生活就是一種難得的幸福。

停止你對現實的抱怨，沒有人喜歡一個滿腹牢騷的人。你的抱怨，不僅讓你失去現有的美好生活，更會讓你失去朋友，讓人生變得艱難。人生中有許多簡單的方法，可以讓人感到快樂，而停止抱怨就是其中之一。

只有改變自己，才能找到更好的出路

有時候，喜歡一部戲、喜歡一個人，沒什麼理由，只是喜歡而已。

我們總覺得任何事情都要公平合理，這是一條天然法則。常聽人抱怨這件事、那件事不公平，事事都想追求公平合理，稍有不如意就憤憤不平，感到十分委屈。應該說，追求公平是正確的，但如果產生了消極情緒，這就需要注意了。

事實上，世界上沒有絕對的公平。我們所謂的公平，只是我們自己的一種主觀臆斷。

一位懷才不遇的青年，向大師尋求幫助，青年哭訴道：「這個世界實在是太不公平了，想求得一份工作無外乎這兩種做法：拿著自己的文憑學歷敲開陌生的門，或者帶著禮物錢財去求朋友幫忙。」

大師聽了，微笑著說：「何為公平呢？你可否寫下這兩個字容我一觀？」青年感到十分迷惑，但是還是在紙上寫下了「公平」兩個字交給大師。

大師笑著接過紙，指著這兩個字說道：「公字寫完需四畫，平

字卻用了五畫，這『公平』二字本身就不公平，又何來『公平』可言呢？」

世上是沒有絕對的公平，你要追求的公平，如同神話傳說中的寶物一樣，只存在幻想中。鯊魚吃小魚，對小魚來說是不公平的；小魚吃小蝦，對小蝦來說是不公平的……等等。食肉猛獸看似處於大自然食物鏈的頂端，毫無侵略性的植物、微生物彷彿處於底部，但微生物卻影響著肉食動物的生存。每個物種都對大自然的平衡有著重大作用，對於那些被吃掉的生物，怎能用一句不公平來定論呢？

地震、火山、颱風等自然災害對生命的掠奪無法避免；有的人生來聰慧，有人卻先天殘疾；發達國家的人們容易過度肥胖，落後國家的災民卻面臨饑餓和死亡，這一切公平嗎？

競技比賽皆以「公平」為準則，但在一些潛規則面前，「公平」也只是一個相對的概念。畢竟規則都是人訂的，也是由人來執行的。每個人都有自己不同的視角，不同的人意識也會有所不同。所以做到絕對的公平只是幻想，並不實際。

一昧地追求絕對公平，會造成心理失衡，變得焦躁不安、煩惱不已。與其在煩惱中度過，何不早些認清現實。放下，就能快樂起來。

同時，當你抱怨「不公平」時，你是否問過自己：我真的是最好的嗎？如果你能時常這樣想，那麼從煩惱中解脫出來，也並非難事。

有這樣一則故事：

一位青年質問智者：「命運為什麼對我如此不公平？我並不差，但為何偏偏不能得到重用？」

智者隨手撿起一顆石頭，扔到了亂石堆裡，說：「你試著把我剛才扔的那顆石頭找出來。」青年翻遍石堆，也沒有找到。

這時候，智者又向亂石堆裡扔了一枚金子。這一次，青年很快就找到了金子。

這時青年才頓悟：眼前的自己只不過是一顆石頭，如果成為一塊閃閃發光的金子，就不必再抱怨命運的不公平。

很多人就是這樣，只是一昧地抱怨。殊不知很多時候，原因出在我們自己身上。

所以，我們在埋怨之前，先反省一下自己。敢於放下計較，坦然地接受不公平的結果，這也是一種人生境界。

每個人都會遇到不公平的事情，剛開始內心也不平衡，然而一路走過來，就會知道世間根本沒有百分之百的公平。只有改變自己，才能找到更好的出路。

恨也是一種愛，遺忘才是真正的不愛

如果讓你每天都面對敵人，你會快樂嗎？答案當然是否定的，你一定會把敵人看作是眼中釘、肉中刺，無時無刻都想對敵人發起攻擊。假如敵人真的站在你面前，能夠讓你肆無忌憚地一較高下倒還好，因為不論結果如何，都是爽快的。怕只怕這個敵人並非站在你的面前，而是被你放在心裡，這樣一來，儘管你每天都面對著心中的敵人，但是卻始終抓不到對方，只能乾著急，這種折磨也太痛苦了。

當敵人在我們心中扎根，就會對我們產生揮之不去的影響，也會趕走我們心中原本居住著的快樂。要想趕走心中的敵人，我們首先要消除它們生根的土壤——怨恨。當我們心中不再有怨恨，我們心中的敵人也就失去了立足之地。再難的事情，都有可以解決的方法。儘管清除心中的怨恨很難，但是只要我們願意努力嘗試，願意堅持去做，還是能做到。

在鮮花遍佈的地方，野草就會無處生長。同樣的道理，當我們在心中種下真善美的種子，怨恨也就無處生長。由此可見，**消除心中的怨恨，我們首先要做的就是淡化內心的恩怨情仇，以寬待、從**

容和充滿善意的心，面對生活中的一切艱難。正如人們常說的，活著原本就很累了，我們更應該放下心中的敵人，讓自己活得更加輕鬆快樂。

　　喬喬和志鵬是初中同學。後來，喬喬到師大讀書，志鵬則在一般高中，他們都為了考大學努力。在這段時間裡，他們對彼此產生了好感，所以戀愛了。3年之後，喬喬直升師範大學，也到家鄉實習教書。志鵬大學考試落榜，開始準備重考。喬喬幾乎把自己存的錢都用來照顧志鵬，她自己則省吃儉用。在喬喬心中，她似乎早就已經認定了志鵬，因此對志鵬死心塌地。

　　讓喬喬萬萬沒想到的是，志鵬在考入大學之後的第2年，居然向她提出了分手。這個時候，喬喬已經不知道花了多少錢在照顧志鵬的生活。喬喬無法接受，請假去了志鵬的學校。發現志鵬和教授的外甥女在一起，教授的外甥女也在那所大學讀書，他們的確是郎才女貌。看到他們在一起開心的樣子，也清楚了已無法挽回自己苦心經營的感情。轉眼之間，10年過去了，在這期間喬喬結婚生子了，有了自己的家庭。然而，有一天當她無意間在網路上，看到已經成為某醫藥公司主管的志鵬，為該公司拍的廣告影片，心裡竟仍感到癮癮作痛，各種憎恨情緒全都傾瀉而出。

　　後來，喬喬把這件事情告訴了閨蜜，閨蜜不以為然地說：「你有什麼好悔恨的呢！當初是人家拋棄了你，又不是你拋棄人家，你還一直惦記著他！我覺得你應該忘掉他，難道你沒聽說過嗎，恨也是一種愛，遺忘才是真正的不愛。」閨蜜的話點醒了喬喬，她意識

到自己這麼多年來一直在心底裡恨著、牽掛著他。想到現在美好的生活，她決定徹底清除心中的怨恨，重新開始認真過自己的生活。

　　在這個故事中，喬喬因為初戀男友的拋棄，心中始終深埋著仇恨的種子。雖然她也按部就班地結婚生子，但是她從未忘記那個她憎恨的人，也因而對於自己現在的生活非常不滿意。偶然看到的影片讓她看清自己的內心，也多虧閨蜜的一番話，徹底點醒了她。對她而言，只有清除怨恨的土壤，清除那個深深扎根在她心裡的人，才能真正翻開生活的新篇章。

　　在現實生活中，我們遇到的不會都是我們喜歡的人，我們往往因為各種原因與他人為敵。在遭遇困境的時候、在四面楚歌的時候，我們不如學會讓敵人消失吧。其實，除了消除心中的怨恨，徹底消除心中的敵人之外，我們還可以採取各種方式化敵為友，這對我們的生活和工作也有莫大的好處。所謂多個敵人多面牆，多個朋友多條路。當我們清除限制我們的一面面牆，讓自己的生活中都是條條大路通羅馬，那該是多麼舒服的事情啊！

無論做什麼，記得是為了自己而做

無論做什麼，記得都是為了自己而做，那麼也就會毫無怨言，這樣勵志小語我們已經聽過很多了。在我們擁有了這樣的心態之後，自身的氣場也會變得強大起來。

我們在工作的時候，只是抱著應付了事的心態去做的話，就會給人一種懶散、不積極的感覺；我們看到很多的老闆或者成功人士，他們在做某件事情時，總是表現出一種積極的態度，而且似乎沒有任何怨言。同樣是做一份工作，為什麼會有這樣的差別呢？

主要的原因就是，老闆在工作的時候，總是想著是為自己而做的，這是自己的事情；某些員工就不同，他關心的可能只是把分內的工作做完，關心的只是自己的待遇，這是兩種截然不同的立場。我們看到那些老闆或者成功人士的氣場，總是要比員工的氣場強大。

李曉萍是一個平凡的女孩，但有著不平凡的身世。她出生在鄉下，剛出生時母親因為難產離開了人世，之後她與父親及有智力障礙的哥哥相依為命。在她15歲的時候，一場車禍讓她失去了自己的

父親，從此家裡就只有她和哥哥兩個人了。

為了養活哥哥，她一個人做兩份工作，每天早出晚歸、省吃儉用，但始終面帶笑容，沒有絲毫怨言。

她的老闆知道她的身世後，被她的勤奮和認真深深打動，於是他問李曉萍：「你每天工作都這麼累，生活的壓力這麼大，難道你就沒有一點怨言嗎？」

李曉萍微笑著對老闆說：「我的所作所為只是為了我自己，哥哥是我生命的一部分，我覺得我做的這一切都是應該的，談不上什麼怨言不怨言。」

是的，把每一件事都當作自己的事情，在做的時候還會有什麼怨言呢？

在這個故事中，李曉萍面對巨大的生活壓力，她沒有妥協也沒有放棄，讓她毫無怨言地堅持下來的，就是她把照顧哥哥當作自己的事情。也正是因為這樣，所以她才會打動老闆。

人生總是要經歷波折後才能登上高峰，保持良好的心態是關鍵。有時候，可能經歷了很多的低谷也不一定會成功，這時人們難免會產生一些怨言。但沒有人能夠預料到會發生些什麼事，那些內心強大的人所看到的並非只是一件事情是否成功，他們總是保持一個平和的心態，正是這種心態讓他們的內心更加強大。

不管失敗還是成功，在這個時候，你會注意到那些沒有怨言的人，總是散發出一種不可戰勝的氣場。因為他們明白，無論做什麼，都是在為自己而做，怨言也就隨之消失，逐漸會養成個人強大

的氣場。

　　有一位學者在外面散步，走到一個十字路口的時候遇見了一位警察。這位警察愁眉苦臉的，好像沒有任何精神，於是這位學者就問警察：

　　「警察先生，你為什麼這麼無精打采呢？」

　　警察說：「我每天這麼辛苦地在這裡指揮交通，可是只能得到1000元的報酬，這樣的工作真是讓我受不了。」

　　這時走過來一個拿著清潔工具的清潔工，學者看到這個清潔工一臉的笑容，頓時覺得自己的心情也開朗了許多，便問這位清潔工：

　　「你一天能賺多少錢呢？」

　　「一天500元。」清潔工回答。

　　「你一天才賺500元，為什麼還這麼高興呢？」學者好奇地問。

　　「這是我的工作，而且做得好的話，我還可以拿更多的獎金，可以讓我的生活更輕鬆，這都是為了我自己，還有什麼不高興的呢？」清潔工回答。

　　警察聽到後，鄙視地說：「只有沒出息的人才會做這份工作。」

　　學者說：「你錯了，他做的工作是快樂的，因為他沒有怨言，所以臉上的笑容足以吸引很多人。而你總是認為自己在為別人工作，心裡就會產生很多的抱怨，臉上沒有了笑容，也就失去了吸引力。」

　　吸引力就是一個人的氣場，氣場強大的人，對於任何人總是具有很強的吸引力。警察由於沒有把工作當作自己的事情去做，產生了很多的抱怨，也就沒有了氣場。試想一下，一個滿臉笑容的人和一個滿臉怨氣的人站在你面前，你更願意和誰接觸呢？毫無疑問，每一個人都願意和帶著微笑的人打交道，這就是氣場的魅力。

　　無論做什麼，記得是為自己而做，那就會毫無怨言。這句話看似容易，但又有多少人能真正明白其中的道理呢？在這個世界上，當我們面對困難的時候，我們是否會帶著抱怨和怒氣去做呢？我們是否能夠真正靜下來想一想，我們做這件事是為了誰？一個冠冕堂皇的藉口會讓人喪氣，而一個真實的目的卻會讓我們充滿力量。

不要拿別人的過錯來懲罰自己

人之所以會產生抱怨的情緒，是因為現實和理想之間存在一定的差距。出現了差距意味著不滿意，苦惱和鬱悶也就產生了，於是便產生了對自己的抱怨情緒。同理，對別人的抱怨也是這樣產生的，你之所以會怨恨別人，就是因為他們沒達到你的預期，讓你不滿意。就像有些人總是奢望那些無法觸及的事物，所以他們會感嘆自己際遇不如人，甚至心生怨恨。

張小姐兢兢業業地工作30多年，好不容易得到了評選為科長的資格，豈料該企業的總經理卻在關鍵時刻給她低分。她為這份工作奉獻了一生，因此她心裡對那位總經理怨恨不已，直到多年後，她心裡的那種憤恨仍然不能平息。

就這樣，因為心情不好，原本退休後可以享受閒暇時光的張小姐，身邊有兒女相伴，本該是快樂的，卻總是感到身體不適。到醫院檢查後，配合治療了一段時間，但情況並沒有好轉。

後來一位心理醫生開導張小姐說：「**一個人只有做到忘記怨恨，才能從痛苦中解脫出來。否則，無異於拿別人的錯誤來懲罰自己。**」張小姐聽了之後，心情豁然開朗，終於忘記了那些微不足道

的怨恨，並主動去那位總經理家拜訪。經過一番推心置腹的交談，雙方的誤解煙消雲散，張小姐的疾病也不藥而癒，從此笑容常常掛在她的臉上。

一個人心中若總是有憤恨，這種情緒的累積會演變成負面的能量，輸入到潛意識中，那這個人將會受到巨大的影響。

人與人之間有矛盾是不可避免的，人不是獨立的個體，我們總是和身邊的人不斷接觸，無論是與陌生人還是自己的親朋好友，誰又能避免不會有意見不合的事情發生？不過有一些方法可以讓你儘量遠離那些摩擦：

1．寬容地對待別人的攻擊行為

寬容地面對別人的攻擊行為，不管別人怎麼攻擊都不為所動。走自己的路，別將時間浪費在這些爭吵中，不讓別人影響自己的情緒，更別讓情緒左右我們的生活。清者自清，這樣不僅能夠讓自己儘量不受到別人的傷害，而且能夠以更好的狀態，去面對往後人生的各種矛盾。

2．把時間用在更有意義的事情上

不要將時間用在那些沒有意義的事情上，我們可以將更多的精力投入到更有用的事情上。就是現在，馬上讓你的頭腦和雙手動起來，讓你的每一天都活得更有意義。

3‧勇於接受自己的錯誤

當我們的內心被一些錯誤的情緒控制和支配的時候，我們就會固執地認為自己的一切都是對的，別人都是錯的。在這種錯誤思想的支配下，心胸難免就會狹隘一些，怨言也就會多一些，所以我們應該勇於接受自己的錯誤。

誰也不願意否定自己，有不少人認為否定自己是自卑的表現。實際上並不是這樣的，承認錯誤並沒有我們想像的那麼丟人，相反地，能面對並接受自己的錯誤，是嚴以律己的了不起表現。

你的寶貴光陰不要虛度在無限的憂愁和煩惱之中，不要與身邊的美好失之交臂，去做更有意義的事情吧，認真向上的生命是沒有空間容納抱怨和不滿的。只有摒棄這些負面情緒，不被這些無意義的事情干擾，你才能走向成功。

我們臉上的笑容，就是面對生活最好的樣子

　　記得有這樣一句話：「微笑著過一天是一天，哭泣著過一天也是一天，那我們為什麼不微笑著度過呢？」沒錯，現實生活中，不管我們面對什麼樣的事情，你都會發現，生活總是按部就班地向前邁進，絲毫不會停下腳步去等你。而想要趕上生活這趟列車，我們只有努力調整好自己的心情，為自己而活。

　　有一次，我坐高鐵去南部出差，車剛開動不久，就看到一個乘客把腳放在隔壁的座位上，很多乘客也看到了，但都沒有說什麼。這時，一位乘務員上前去勸說請他把腳放下，這個乘客不僅不聽，還對乘務員出言不遜。但乘務員沒有與他爭執，始終面帶微笑地對他進行一次又一次的勸說。最後，事情終於在乘務員的微笑中解決了。

　　在到站下車前，我看到那位乘客找這位乘務員，我以為這個乘客還要和乘務員糾纏，沒想到乘客略帶慚愧地說：「對不起，剛才我心情不好，是你的微笑打動了我，你的服務態度影響了我。」乘務員報以真誠的微笑說：「沒關係，謝謝您支持我的工作。」

　　還有一次我在坐火車時，看到一個小孩在車上嗑瓜子，把瓜子

殼吐在車廂的地板上，一位乘務員微笑著上前勸說。小孩沒有反應，反而小孩的媽媽生氣了，完全不認為自己小孩有何不對。我看了都很生氣，但這位乘務員卻始終微笑著，邊勸說邊掃瓜子殼。

這位媽媽看到乘務員這樣的態度，非常不好意思，馬上讓孩子停止了這種行為。

當然，吃虧不是沒有底限的，更不是懦弱的。吃虧是為了感動對方，像春風化雨般感染對方。

微笑是上帝賜給人類最美好的禮物，是一種令人愉悅的表情。面對一個面帶笑容的人，你會感受到他的自信、親切、樂觀。而這種積極的情緒也會感染你，進而和對方親近起來。

微笑可以傳遞正面的能量，微笑可以消除人們之間的陌生和矛盾。當然，你的笑容必須是真誠的、發自內心的。微笑是最好的交流方式，微笑可以化解矛盾和衝突。

在一些交際中，請不要吝嗇你的笑容，你的笑容會帶來許多意想不到的效果。

要想在人際中得到好人緣、好關係、好人脈，那就必須養成微笑的好習慣。人與人相處，微笑可以使你看起來更加美麗。你的笑容能把你的真誠、善意和友好，傳達給所有與你交往的人。

微笑不僅是為了別人，更是為了自己。面對生活，我們應該綻放燦爛的笑容。當你在人際中遇到困難時，你可以反思一下，是不是因為你對人太要求了，沒有展現你的笑容？如果是這樣的，那你就給自己印一張特殊的名片吧。這張名片上應該有這樣一行字：世

界因你的微笑而微笑。

　　很多人都不擅於微笑，事實上，微笑也可以成為一種習慣。

　　我表弟張鐸有一個缺點，就是總愛擺著一張臭臉、不苟言笑，對待家人、朋友一向都是如此嚴肅的表情。

　　張鐸畢業後做過很多工作，也自己做過生意，但都失敗了，主要原因就是他那一張臭臉，給人一種難以接近的感覺。

　　我和他聊過很多次，他認為自己的表情很酷，我告訴他不能這樣，外面的世界需要的是微笑。我請他思考一下，當他看到一個人總是用一張冷冰冰的臉對著他，他的心情會如何。

　　為了讓張鐸有真切的感受，我專門抽出一天時間，帶他去吃飯逛街。這並非是帶他散心，而是讓他去觀察和感受。當面對一個拒人於千里之外的人時，他的心情如何；當遇見微笑熱情的人時，他的心情又是如何。他才發現到自己以前是何等幼稚，從此他便開始嘗試微笑，微笑待人、微笑做事。

　　一開始，張鐸很難改變自己嚴肅的表情，總是強迫自己微笑。他每天對著鏡子練習，對著家人和朋友微笑。慢慢地，笑成了他生活中不可缺少的一部分。

　　半年後，張鐸成功應徵到一家報社工作，他還設計並印製了特別的名片，名片正面是姓名、聯繫方式、工作單位；反面是「世界因你的微笑而微笑！」他每次遞出名片時，總會給對方一個真誠而友善的微笑。

　　生活其實就是一面鏡子，而我們臉上的笑容，就是面對生活最

好的樣子。儘管現實中的我們可能從事著不同的工作，但是微笑卻可以成為我們共同的名片。**當生活因為困難而變得灰暗時，微笑就是我們生活中的一抹陽光。**當你選擇與微笑相伴的時候，其實就選擇了擁抱感恩。而當你決定了擁抱感恩，你會發現，其實生活從來沒有虧欠過我們任何東西，它總是在某一個地方給了我們每一個人想要的幸福。在我們的生活中的確會存在著一些不容易，但是換個角度思考，至少它給了我們生存的空間。這世上從沒有一帆風順的人生，因此遇到事情就先選擇微笑吧。

也許生活不會永遠對我們展示它的微笑，但是我們自己要學會對生活微笑。微笑著面對生活中的一切艱難，保持自己的淡然與堅定，不因外界的改變影響自己的良好心情，揮一揮手，瀟灑地向昨天告別，堅信著等待我們的會是更好的明天。

只有忘記痛苦，才有更多空間容納幸福

人的一生或多或少都會經歷一些坎坷和不幸，無論在什麼階段都躲不過。痛苦和快樂如同跳躍的音符一般，互相交織才能譜寫出人生的樂章，單一的痛苦和快樂都不足以構成完整的人生。

或許生活裡的經濟困難、親友反目、人際問題、生老病死等等，都會讓你感到痛苦不堪，但是這痛苦也如同你生活中的調味劑，讓你嘗到人生中的酸甜苦辣，進而更能夠珍惜快樂。

幸福和痛苦是相互排斥的，心裡充滿痛苦的人，心中沒有位置容納幸福。**放寬心的方法就是要學會忘記，只有忘記痛苦，才能給幸福騰出更多的空間，進而容納更多的幸福。**

背著沉重行囊的年輕人踏上了尋找幸福的旅程，歷經無數艱險的他，來到了一條波濤洶湧的大河前。河面上並沒有橋樑，唯一能夠渡河的方法，是搭乘一位老人划的一艘小船。當老人問及年輕人的去處時，年輕人說他要去尋找幸福。

老人說：「哦，那你把這個破行李丟到河裡，然後再去尋找幸福。」

年輕人回：「這可不行，行李中有陪我一路走來的孤獨、寂

寞、傷心，我怎麼能丟棄它們呢？」

於是，老人央求年輕人把他也裝進行李裡。

「啊？這行李怎麼可能裝得下人？」年輕人不敢相信自己的耳朵。

老人說：「你什麼都不放下，要我帶你過河，但你也不肯把我帶上，你怎麼能找到幸福？」

聽到這裡，年輕人才恍然大悟，於是他丟下沉重的行李，立刻感到前所未有的輕鬆，其實這才是他要找的幸福。

人們在生活中，可以輕易地放下自己曾經得到的成績和榮耀，但要忘記曾經的痛苦卻不容易。記得詩人達克頓曾說過：「除了雙眼失明，我可以忍受任何痛苦。」結果在他花甲之年，他的雙眼真的失明了，但他發現原來這種痛苦也是可以承受的。他的雙眼雖然失明了，但是他憑著堅強的心靈，依然過得很好。

我們任何一個生命都是脆弱的，因此在歷經無數的苦難之後，可能會讓我們身心俱疲、萬念俱灰。經歷過大苦大難後，最重要的是讓未來充滿快樂，沉浸在過去的痛苦中是不會讓未來充滿快樂的。

有位智者說過：「即使你的前世是冤屈的鬼魂，但在經歷過痛苦之後，唯一值得守候的便是復活節的到來。」要記得，只有忘記苦難，美好才會到來。

過去的已經成為歷史，最重要的是珍惜眼前。畢竟時光不能重新開始，不可能從頭再來。也許我們暫時失去幸福，但是暫時的失

去是為了將來得到更多的幸福。切勿總是沉浸在痛苦中無法自拔，怨天尤人和自我折磨都於事無補。

一個人要想發揮潛能得到成功，就要忘記過去的痛楚，開始新的生活。莎士比亞說過：「**聰明人永遠不會坐在那裡為他們的損失嘆息，而是用心去尋找辦法來彌補他們的損失。**」

痛苦總與幸福唱反調，如果內心充滿痛苦，就沒有了接受幸福的空間。學會忘記才是聰明的選擇，學會忘記心中才有更多的空間容納幸福。

快樂離我們真的很近，就在我們的身旁

在生活中，那些穿著體面，看似有錢有權、什麼都不缺的人，好像每天都有數不完的煩心事，總是一副憂心忡忡的樣子。反倒是那些穿著隨意，看似普通平凡的人們，卻整天笑容滿面。這樣的對比雖然與我們平常的認知相違背，但這種情況卻越來越普遍。有時候，總是會聽到有人說，「如果我們有房子就好了」、「如果我們能買車就好了」。似乎，快樂是跟這些物質、財富畫上等號，只有擁有了足夠多的物質、財富和權勢地位，我們才能夠讓自己快樂起來。但其實讓自己快樂的方法，遠比我們想像中的要簡單很多。

快樂離我們真的很近，就在我們的陽臺上，只要每天看到太陽，我就會變得很快樂；快樂離我們真的很近，就在我們的書桌旁，只要每天都能夠有時間看自己喜歡的書籍，我就會變得很快樂；快樂離我們真的很近，就在我們的餐桌上，只要一家人能夠團聚在一起，分享生活中的趣事，我就很快樂。

只要我們的內心充滿了愛，充滿了對生活的熱情，充滿了對人生的希望，快樂就會從我們的心底源源不絕地冒出來。這一切與物質、財富無關，只跟我們的心態和情緒有關。

　　有一對五、六歲左右的雙胞胎小朋友，他們喜歡每天在一起玩遊戲。有一天他們突發奇想，認為屋外的陽光十分燦爛，自己家的臥室裡卻十分昏暗。於是，他們決定要把外面的陽光裝進臥室裡，讓臥室也跟外面一樣充滿陽光。

　　兩位小朋友立刻行動了起來。他們拿著簸箕和掃帚來到屋外，小心翼翼地將陽光全部掃了進去，為了不讓陽光跑掉，兩位小朋友還特地找了一個黑布袋將簸箕裝進去。兩位小朋友小心翼翼地護著簸箕往屋裡走，然而奇怪的是，到了屋子裡之後，黑布袋裡的陽光就沒有了。他們想：是不是黑布袋太黑了，把陽光嚇跑了呢？於是，這一次他們準備了一個白布袋。然而不管是什麼顏色的袋子，每次進到屋裡，簸箕裡的陽光總是魔法般地消失了。於是，他們就一而再、再而三地不斷嘗試。然而令人沮喪的是，儘管掃了很多次，屋子裡面還是一點陽光都沒有。

　　兄弟倆正在煩惱的時候，媽媽出現了，詢問他們不開心的原因，兄弟倆趕緊把發生的事情告訴媽媽，並詢問媽媽：「是不是陽光不喜歡待在屋子裡呢？否則為什麼不願意進來做客呢？」媽媽聽到後哈哈大笑說：「我有辦法讓陽光到我們家來做客哦。」話說完，媽媽走到窗戶邊將窗戶打開。果然，燦爛的陽光頓時將屋子照亮，兄弟倆開心地抱住媽媽。

　　其實，很多時候我們就和故事中的小朋友一樣，以為快樂需要我們花費精力去尋找。其實只要打開我們內心那扇窗，積極熱情地去擁抱生活、享受生命，快樂的陽光就可以照亮我們心靈的每一個角落，讓低沉消極的情緒無所遁形。

人生猶如負重前進，隨著我們年齡的增長、閱歷的增加，我們能夠得到的東西會越來越多。同時，我們面臨的壓力、遇到的困難也會越來越多。儘管如此，生活仍會繼續，生活從不會因為你今天心情不好，就大方地選擇放過你。生活本身就是客觀的存在，我們無法改變。當客觀存在沒辦法被改變的時候，我們能做的就只有改變自己，改變我們遭遇困難時的心態。只要轉變一下想法，我們就會發現生活從來都不是枯燥無味的。在我們每天走的路兩旁長滿了小草和鮮花，只要我們願意用快樂來充實我們的內心，小草與鮮花就會伴著我們同行。

你所謂的焦慮，
不過是對未來的一種恐懼

任何煩躁對於焦慮情緒的影響都絕無好處，唯有從心底接納焦慮，讓焦慮成為正常的情緒，得到理智的對待，一切才能變得更加從容，不至於讓我們手忙腳亂。當焦慮的潮水來襲時，一定要鎮定下來，讓煩躁不安的心變得平靜並保持理智。

讓自己的內心變強大，遠離焦慮

人們常說，六月天孩子臉，說變就變。殊不知，人的心情也和六月的天一樣，時而豔陽高照，時而陰雨連綿，讓人應對不及。現實生活中，有一些人的情緒很容易激動，前一刻還在哭泣，後一刻就破涕為笑，使得身邊的人束手無策，根本不知道應該如何安慰他們。這樣的情緒波動現象在心理學中很常見，也很普遍，很多人在與他人相處時會出現這樣的情況，就算在獨處時，也會陰晴不定，把自己都搞得莫名其妙。

針對現代人情緒多變的特點，心理學家曾經進行過研究，最後發現人的情緒很容易受到外界的影響，呈現出極端的特點，例如莫名其妙地焦慮或快樂。心理學家研究證實，情緒越是容易激動的人，越容易走向極端，也容易陷入絕望的深淵，導致一切都無法控制。可想而知，失控的情緒必然導致失控的人生，唯有掌控自己的人生，才能使我們更加從容不迫，也更容易獲得美好的一切。就像極度的熱脹冷縮會帶來嚴重的後果一樣，很多時候情緒上的急劇變化，對於人的身體健康和心理健康極其不利。當然，這並非要求每個人都要喜怒不形於色，畢竟生活的樂趣也在於變化。我們要告

訴自己不管什麼時候，都要適當控制自身的情緒，不要被焦慮捆綁著，被動地面對生活。

　　一個人很難徹底擺脫焦慮對其心理的影響，唯有掌握自我調節的好方法，才能保持心情愉快，才能避免情緒陷入過大的波動之中，導致一切都變得無法控制。例如，現實生活中，為了讓心理上有所寄託，應該努力培養自身的興趣愛好，讓自己在閒暇的時候有事情可做，也能夠在心情低落的時候找到更多的樂趣。

　　很多人都熱愛藝術，當他們感到焦躁不安時，就會唱歌、跳舞、畫畫或者進行適當的運動等，以此來排遣內心的焦慮，讓自己變得快樂起來。每個人的興趣愛好都是不同的，只要是健康的愛好，能夠讓我們的情緒達到舒緩就可以。如：運動、繪畫、閱讀、聽音樂和插花等，都是很好的抒壓方式。

　　近來，公司比較忙，設計師小孟因為接連不斷地加班，已經一個月沒有休息了，這使她的心情糟透了，負面情緒壓得她喘不過氣來。有的時候前一刻她還在開心地和朋友打電話，掛斷電話之後就會陷入沮喪之中，想大哭一場。她已經28歲了，卻還沒有找到男朋友，每天住在與人合租的小房間裡，除了一張床外，幾乎沒有走路的地方。她覺得自己的人生很失敗，而且感到很絕望。

　　有一天小孟十點下班，乘坐末班車，十一點半才回到租屋處。她終於忍不住痛哭流涕，似乎世界末日即將到來那般撕心裂肺。足足哭了一個多小時，她才止住眼淚，恢復了平靜。意識到自己的情緒瀕臨崩潰，小孟決定請假休息一天，好好調整一下自己。隔天她

睡到自然醒，心裡覺得輕鬆一點了。下午約了閨蜜一起逛街，還去吃了她最愛的麻辣鍋，喝著冰鎮的啤酒，這一刻小孟感到非常滿足，也覺得眼前的一切付出和努力都是值得的。

因為小孟比較理性，對於自己的身體和心理狀況也比較懂得抒發。她意識到自己的精神過於緊張，心理壓力也太大，果斷採取措施，不再勉強自己支撐下去，避免更嚴重的後果。我們也應該向小孟學習，在意識到自己狀態不佳的時候及時採取手段、解決問題。實際上，很多情緒問題都是因為長期累積下，才變得越來越嚴重，我們若能調整好心態，及時處理情緒問題，一切就不會發展到無法收拾的地步。

人的一生很難一帆風順地度過，任何情況下都要以積極的態度、微笑的心情面對人生。唯有調整好情緒，才能遠離焦慮。所謂的焦慮，就像鐘擺一樣不停地擺盪，唯有擁有強大的內心，才能得到人生中更多的驚喜。**從現在開始，既然哭著也是一天，笑著也是一天，就讓我們微笑著度過生命中的每一天吧！**

你所擔心的事情，很多都不會發生

生活中，很多人每時每刻都處於焦慮之中，並非他們的生活面臨很多危機，而是他們缺乏安全感，會為那些未必會發生的事情擔憂，也就是常說的杞人憂天。毋庸置疑，未雨綢繆可以在事情發生之前，有更多的時間進行充分的思考，進而想出對策，不至於事到臨頭手忙腳亂。

然而思慮過度周全，反而導致杞人憂天，無形中給我們的心理增加了很多負擔。曾經有心理學家專門進行了一項實驗，讓人們把自己擔憂的事情寫在一張紙上，再如往常般地生活，等到一段時間之後，再讓那些人回過頭來看自己曾經寫下煩惱的事。大多數人都會發現，自己擔心的事情根本沒有發生，甚至沒有給自己的生活造成任何困擾。這證明了一個事實，我們所擔憂的十之八九不會發生，大多數都是杞人憂天。

在微博上，有一個女孩向我尋求心理幫助。她說，自己最近過得有點頹廢，想尋求改變但總是失敗，想下定決心卻又怕自己堅持不了，堅持一段時間又怕沒有成效。我問她從什麼時候開始出現這種情緒的，她說是從去年考研究所失敗後才有的。

　　一件事還沒開始做就開始質疑自己的能力，這個女孩應該是患上了「焦慮症」，或者也可以說是「失敗恐懼症」。所謂失敗恐懼，醫學上的定義是指個體在活動中，未達到預期結果而遭受挫折後，對自己今後的處境產生的一種不安、驚慌的消極情緒。強烈的失敗恐懼會導致神經功能的紊亂和內分泌功能失調。

　　雖然有「失敗焦慮症」的人，一般都會有意識地規避風險，努力爭取最好的結果，做事也更為細心，以追求完美。但他們也會陷入焦慮、拖延、懶散、缺乏動力，甚至喪失行動力。有一些失敗焦慮症患者內心非常想要獲得成功，同時也非常懼怕失敗，以至於最終他們乾脆選擇放棄。

　　患上「失敗焦慮症」就像得了重感冒，一開始會很難受，只要我們積極調整（就像感冒時要多休息、多喝熱水、注意保暖），通常都會好起來的。當發生焦慮傾向時，可以用下列方法得到改善：

1.正確認識失敗

　　治癒「失敗焦慮症」，最為關鍵的一步是要正確認識失敗。正如雨果所說：**「盡可能少犯錯誤，這是人的準則，不犯錯誤，那是天使的夢想，世間裡的所有事物都無法避免錯誤的。」**在成長的道路上，每個人都會面臨失敗，這是不可避免的。

　　失敗也不是什麼大不了的事，失敗讓人成長，有位哲人曾說：「錯誤和真理的關係，就像睡著和清醒的關係一樣。一個人從錯誤中醒來，就會以新的力量走向真理。」我們所要做的便是在錯誤中學習，在錯誤中成長。

2.釋放壓力

　　很多人懼怕失敗，也有可能是因為內心的恐懼情緒得不到釋放。大膽的把失敗的事情告訴親人、朋友，你會在第一時間獲得他們給予的情感支持。同時他們也許能幫助你分析失敗的原因，讓你更快地從失敗中吸取教訓，幫助你繼續往前走。也可以把自己的失敗經歷記錄下來，也是一種宣洩負面情緒的方法。

3.自我解嘲

　　自嘲是療癒「失敗焦慮症」的有效方法，你嘗試著從失敗中找出笑點並笑談自己的恐懼時，大腦就不會以自我破壞的方式來表達恐懼。例如，面對失敗時，不妨對自己說：「笨蛋，怎麼會犯這種低級的錯誤呢？還是太嫩、太年輕了。」

　　你還是害怕自己會失敗的話，不妨和自己周圍的朋友一起做一件事，讓他們來監督你走下去。慢慢的，這種外來監督就會轉化成自我監督，每當你準備逃跑時，告訴自己：「不要放棄。」

　　總之，我們要勇於接受各種挑戰，不放棄任何嘗試的機會。只要你能夠大膽地去做，或許就成功了一半了。即使最後失敗了，也是一次歷練，也是一次經驗的累積。

想要的太多，最後反而錯過了珍貴的東西

「喜歡的人不出現，出現的人我不喜歡……，想過要將就一點，卻發現將就更難，我想我會一直孤單，這樣孤單一輩子。」一首《一輩子的孤單》唱出了很多「孤男寡女」的心聲。為了尋找那個對的人，他們憂心忡忡，一次又一次地錯失機會。

有次出差的時候，我在火車上認識了一位男生，他35歲、身材高大，長得很體面，在一家外貿公司上班，年收入200萬，有房又有車，是個典型的高富帥，然而至今沒有女朋友，家裡也很著急。

「不可能吧？」我感覺有些不可思議。

他苦笑著說：「年輕的時候，過於專注工作了。後來工作穩定了才開始相親，但是相了很多次都沒遇到合適的人。」

「一位都看不上嗎？」

「情況很複雜啦。第一位相親對象，是一名教師、25歲、長相甜美可愛，皮膚也很白，但是身高只有160公分，我覺得有點太矮了。第二位相親對象是某大醫院的醫生，身材、長相、興趣愛好等各方面，都符合我的要求。但是她經常值夜班，而我不希望我的女朋友在外面待到太晚。第三位相親對象是位公務員，各方面條件都

沒得挑，是我的理想型。不過在幾次約會之後，我發現她有點公主病，常會因小事生悶氣，這讓我很討厭。後來又相親了好幾次，但是結果都不太理想。你說我怎麼就碰不到那個對的人呢？」

「你有沒有想過是因為你的要求太高了呢？」我試探地問了一句，他沒有再說話。

我見過很多「剩男剩女」，他們當中除了一小部分人，是因為工作太忙沒時間戀愛，或是崇尚單身主義不想談戀愛、結婚，但大部分人無法脫單的一個重要原因就是——過於挑剔。

這些人往往是完美主義者，抱著「寧缺勿濫」的擇偶心理，認為自己雖然到了「大齡」階段，也只是年齡大了一點而已，在外貌、氣質、才華、職業、經濟條件和社會地位等方面，絲毫不比別人差，甚至明顯優於他人。也正是因為自認為很優秀，導致他們的內心渴望尋找一個與自己各方面相匹配的伴侶，一旦對方達不到這個標準，他們就會失望而放棄。這樣挑來挑去，自然就還是單身。

眼看著好朋友穿上美麗的婚紗，婚後幸福地相夫教子；以前夜夜笙歌的兄弟，下了班就急著回家抱孩子。再加上社會輿論的壓力和父母的催促，很多「剩男剩女」都出現了焦慮煩躁、情緒低落的情況，更甚者會失眠和抑鬱。

我有一位朋友曾經也很挑剔，到了35歲依舊單身，但是2年後她結婚了。我問她為何轉變如此之大，她說她終於明白了一些道理。

「每一個人身上都有缺陷，世界上沒有絕對完美的愛情。若滿

腦子都是白馬王子和白雪公主的幻想，只按照自己心目中的理想模式去衡量愛情，對愛情抱著不切實際的期望，在現實生活將很難找到好歸宿。」

很多時候，我們總對另一半提出很多具體的要求，例如：身高多少、外形如何、性格要開朗幽默、年收入和存款要多少……等，但這些條件和愛情無關。就好像有些女孩說要找個180公分的男人，結果嫁的老公才165公分；有些男孩信誓旦旦地說，自己喜歡皮膚白的女生，結果娶了個擁有健康膚色的女孩。感情這件事，是不能用外在的條件來做決定。

人要學會認清現實與理想的差距，適當地調整自己的擇偶標準。假如你是一位未婚女性，年齡已經超過35歲，卻仍然抱著非未婚男性不嫁的態度，就有點不太現實。又或者你要求對方有房有車，年薪200萬元，還要體貼你、把你捧手掌心上疼，相信你不太可能可以找到另一半的。年齡越大，選擇的範圍越小。沒有必要用挑剔的眼光看待別人，不妨改變自己的思維，對一些小毛病看開一點。

面對一個新的約會對象，如果你對這個人不反感，就多點耐心、多給對方機會，先接觸和瞭解一下，吃個飯、看個電影、逛個街，相處一陣子後再來考慮這個人是不是你想找的對象。當你順其自然、放鬆心態的時候，愛情自然會來敲門。

演員宋丹丹經歷了三次婚姻。第三次結婚的時候，記得她說過一句話：「原本只想要一個擁抱，不小心多了一個吻，然後你發現需要一張床、一間房、一個證……，離婚的時候才想起，你原本只

想要一個擁抱。」想要的太多、挑剔的太多，終究會錯過一些珍貴的東西。

面對同學會，你為何變得越來越焦慮

「以後你們這種爛聚會不用找我！」在電視劇《中國式離婚》中，女主角林小楓怒氣衝衝地向老公宋建平大叫：「就那個女的，她丈夫要收購人家美國什麼島。那女的爛透了！一直問我為什麼沒工作，問了一遍還不夠，又一直反覆問⋯⋯。」

林小楓口中說的「爛聚會」，是宋建平的大學同學聚會。如今的聚會，不僅不會因為相聚而快樂，反而會因為聚會產生各種較勁意味，而感到莫明的焦慮。

尤其是最近兩年，每逢春節的時候，各種大大小小的聚會都讓我喘不過氣來，壓力真的很大。大學畢業進入社會後，同學們的生活逐漸發生了變化：有的仍在外闖蕩，有的考上了公務員，有的創業成功，有的仍跟往日一樣過著平淡的日子。所以，同學聚會談論的話題，逐漸從「回憶當初」轉變成了「炫耀自己的身份地位」。

也可能是大家進入社會久了，逐漸淡忘了以前的生活，聚會時大家談論的多是和現實有關的東西。男同學最常聊的就是誰的生意做得很大、賺了多少錢等；女同學議論最多的則是誰的老公很厲害，誰家的孩子比較聰明等。也有同學會借機炫耀，尤其是喝多的

時候，經常會聽到「我有個計劃打算要投資多少錢」、「我用現金買了間房子」、「又買了一輛車」此類的話。

而這些同學炫耀自己所擁有的房子、車子的時候，往往會忽略其它同學的感受。很多同學還在騎著摩托車，還在為了擁有屬於自己的房子而努力。

同學之間出現差距後，坐在同張桌子吃飯的人，不再像以前那樣隨便坐了，現在都是「混得好的」坐一桌，自認為「混得不怎樣的」則坐其他桌，只有在敬酒時彼此寒暄幾句，其他時候則很少交流，共同話題越來越少。

今年的同學會我注意到，「混得不怎樣」的同學有些許微妙變化。聚會剛開始還算正常，但酒越喝越多，到最後就會醉酒失態，可能他們內心太鬱悶、不好受。

結束時，我直接回家，計程車行駛在空蕩的街道上。望著遠處迷濛的街燈，我覺得同學會已經變得「相見不如懷念」的感覺。

做什麼工作？開什麼車子？房子是買的還是租的？本應單純的聚會，話題越來越俗套，漸漸變成一個競賽的舞臺，成為少數意氣風發者的獨角戲。那些買不起房、開不起車的「窮同學」、「窮同事」、「窮朋友」，就會變得不自在和焦慮，只能以各種藉口推拖參與聚會，反而被誤以為難相處，聚會焦慮症成了不少人的真實寫照。

聚會要有場所，而且場所還不能太寒酸，至少要去幾星級以上的飯店，酒足飯飽後再續攤去KTV。不管是AA制還是輪流請客，整個開銷加起來，對於領死薪水的上班族來說，是一筆不小的花

費。若是賺了大錢、口袋夠深，誰還會對同學會感到焦慮？

　　交流就需要有共同的話題，可是大家除了收入、車子和房子，還有什麼話題能吸引大家的注意力呢？於是透過聚會，某些人的優越感膨脹了，某些人的挫折感滋生了。原本的同學情、友情慢慢地被稀釋，有人在比較中得到滿足感，有人則陷入了焦慮和失落。聚會交流的不再是感情，而是財富、地位、人際關係，一些人參加聚會的目的，是希望透過這些場合擴大自己的人脈。

　　一位網友甚至調侃道：「那些混得好的同學熱衷於開同學會，就是來看看男同學的落魄和女同學的外貌改變；當官的人不會輕易參加同學會，怕給自己惹麻煩；混得不好的總是話少，因為不懂大家聊的內容，怕說錯話被嘲笑，索性不開口。」

　　心理學家認為，會產生這種焦慮感，往往是因為預先設想了很多難堪的情況，這些負面情緒會帶來很大的焦慮感，聚會時會不由自主地尋找蛛絲馬跡佐證自己的猜想，覺得其他人都帶著有色眼鏡看自己，這都是不健康的心態。同學會對於人際關係的維繫是很重要的，並不需要說多少話、搞多豐富的活動，老同學們能夠聚在一起聊聊，就是維持友誼的最好方法。

　　心理學家表示，聚會難免會有人炫富，相信自己也有很多出眾的地方，「同學會、朋友聚會，就是為了放鬆敘舊，沒有必要讓聚會成為大家心理上的負擔。」參加同學會保持一顆平常心最好，「混得好」的人不要把聚會當作炫耀的舞台，「混得不怎樣」的人也不必執著於比較，要把同學當作生命歷程中有共同經歷的人來珍

惜。

　　大家在社會上的職業千差萬別，同學會時應該卸下所有「包裝」，回到當初都是學生般單純的聚會，分享過往的回憶。若聚會中感到話題方向「歪掉」，不妨主動糾正、引導話題，相信老同學們在一起，也很願意多聊聊學生時代的點點滴滴。

心態積極與否，決定著人生的幸福程度

　　焦慮無所不在，化解焦慮的方法其實很簡單，就是讓自己擁有一個好的心態。心態正確了，生活自然充滿快樂；生活感到了快樂，焦慮也就消失了。但快樂也是一個既簡單又複雜的問題，人活在世上，都希望自己是快快樂樂的。生活的美好就在於擁有快樂的心情，但只有明白了快樂的真諦，才能享受幸福的人生。

　　快樂是一種發自內心的真實情感，真正的快樂是人性的自然流露，快樂並不為外物所左右。物質生活只能滿足人們生理上的需要，儘管金錢可以充實人的物質生活，但金錢滿足不了人的精神生活。

　　真正的幸福人生，是要充分展示出生命的價值。金錢是無法衡量幸福人生的，道德修養是金錢買不到的，知識學問也是金錢不能買來的。

　　左右你幸福的因素只有一點——你的心態是積極的或消極的，而這都在你的控制範圍內。心理學家說：心態積極與否決定著人生的幸福程度。心態消極的人不僅不會得到幸福，反而還會被幸福排斥。即使幸福就在身邊，消極的人也不會察覺到。

　　當你口渴的時候，水便是你的天堂；你心中有夢想，那麼實現夢想便是你的天堂；若是你現在感到無比痛苦，那麼幸福便是你的天堂。**凡事有兩極，只有天堂和地獄放在一起，你才能真正體會到天堂的美好含義。**

　　幸福在哪裡？這是被提問過無數次的問題，它其實就在我們的心中。只要我們的心靈是開放的，就會看到幸福在不遠處向我們招手。

　　一位耕田的人看到一隻鳥在天上飛過，於是便感嘆：「鳥真辛苦，四處飛翔只為覓得一口食物。」另一位倚窗的少女嘆氣說：「鳥真幸福，能夠展翅飛翔天空。」不同的人看到相同的事物，所產生的見解和感覺也有所不同。心態積極，你就會覺得希望油然而生；心態消極，你就會對事事感到失落焦慮。人們總會把現實生活中的情景和看到的事物聯想在一起。

　　有一位小學教師進行了一次心理實驗，而對象就是她的學生。

　　那個老師告訴他的學生說：「統計學上有研究證明，藍色眼睛的孩子比棕色眼睛的孩子智力要高，各方面也相對比較優秀。」於是，她把學生按照眼睛顏色分成了兩組。

　　一周以後，「棕色眼睛組」的孩子學習成績明顯下降，「藍色眼睛組」的孩子學習成績顯著提高了。於是，老師又向學生宣佈，她自己把眼睛顏色弄錯了，正確的統計顯示，應該是棕色眼睛的孩子智力要高於藍色眼睛的孩子。於是，一段時間過後，「棕色眼睛組」的孩子成績提高了，而「藍色眼睛組」的孩子成績卻下降了。

　　我們的心態決定著我們的命運，你把生活想像成是天堂，那麼就是天堂，你把它想像成是地獄，那麼它就是地獄。

　　幸福是什麼？幸福就是把工作做好，晚上能安心的睡好覺。

　　幸福是什麼？幸福就是擁有一些親密的朋友，能夠分擔彼此的痛苦，分享彼此的快樂，儘管各持己見，卻永遠尊重彼此；幸福是累了的時候，洗個熱水澡；渴了的時候，喝一杯加冰的可樂。幸福其實就是一種樂觀積極的心態，當你用這種積極的心態，去對待生活中的每一件事情，便擁有了幸福。

　　我們想到快樂的事情，就能感到快樂；我們想到焦慮的事情，我們就會感到焦慮；假如我們想的是失敗，我們就會屢戰屢敗。你感受不到快樂，而唯一擺脫的方法，就是讓精神振奮，這樣才能找到快樂。

　　總之，幸福是我們對人生滿足、和諧的一種狀態。每個人的幸福是很主觀的，但幸福無所不在。

讓情緒如同衣櫃一樣，維持整潔和清爽

很多女性朋友都認為，自己的衣櫥裡永遠都缺少一件衣服。正因為如此，女人總是因為不停地買、買、買，把衣櫃塞得滿滿的。而有些女人並不喜歡收拾衣櫃，每次打開衣櫃的時候都是亂糟糟的，想穿的衣服根本找不到，心情自然也變得很糟糕。所以，女人要定期整理衣櫃，扔掉那些不再穿的衣服，把衣櫃整理得乾乾淨淨，一眼看去就能找到需要的衣服。

其實，不僅衣櫃需要整理，女人的情緒也是需要整理的。女人是情緒化的動物，容易受到情緒的影響，導致自身焦慮不安，甚至瀕臨崩潰。面對一團亂的情緒，如果不學會整理，長期下來只會更加煩躁，甚至嚴重影響生活和工作。

理性的女人，知道要定期整理情緒，也會在情緒要大爆發的時候，積極地如同整理衣櫃一樣，整理好自己的情緒，把那些不值得焦慮的事情徹底拋在腦後，把可以解決的事情果斷地處理好。把最急需解決的問題排在前面，把不急的問題留到最後，這樣一來，情緒當然會變得井然有序，不再因為生活而感到沉重。

第八章

　　近來，愛琳的生活簡直一團糟。原本，愛琳是個追求完美生活的女人，她把生活中的一切都打理得好。她甚至不允許自己的生活有一點點瑕疵，更不願意自己的生活毫無情趣。然而，最近家庭和工作中都發生了很多事情，使她分身乏術，根本無暇顧及自己，更沒有閒情逸致講究情趣了。這樣的生活使愛琳覺得糟糕透頂，她簡直快要崩潰了。

　　原來，愛琳突然接到一個專案，由她作為主要負責人。這個專案完成之後，她也許就能升職加薪，在事業發展上更上一層樓。剛好此時，愛琳的媽媽不小心摔斷了腿，要打石膏在床上躺好幾個月，而她爸爸突然心臟出現問題，需要在心臟裡放好幾個支架，才能度過危機。對於這樣的現狀，愛琳簡直分身乏術，一直在抱怨爸爸媽媽為何不多生幾個孩子，那麼至少兄弟姐妹可以輪番上陣，也不至於讓愛琳這麼辛苦了。

　　愛琳原本想放棄工作上的機會，但是又擔心以後會晉升無望，因而只好幫媽媽請了幫傭，也幫爸爸在醫院請了看護，自己則是每天在下班之後奔回家裡看看媽媽，再去醫院照顧爸爸，還要回到自己家裡照顧孩子。幾天下來，愛琳累到快要崩潰了，覺得自己根本不可能這樣熬過漫長的幾個月。

　　想來想去，愛琳求助於公司裡的心理醫生，訴說了自己的煩惱。在心理醫生的建議下，她列了一張表，上面寫著自己認為人生中最重要的東西，然後一樣一樣地劃掉，進而讓自己意識到哪些是不可捨棄的。愛琳的表格上最終剩下的三樣，就是親情、愛情和工作。剩下這三樣，愛琳無論如何也不想放棄。後來，愛琳想出一個

好方法，她把已經退休的小阿姨接來家裡，幫忙照顧媽媽。而小阿姨原本是在家裡幫忙帶孫子的，愛琳也願意每個月出一些錢給小阿姨的兒子貼補家用，這樣小阿姨的媳婦完全沒有意見，還很樂意！

多了個幫手，愛琳就輕鬆多了，雖然她每個月的收入都給了幫傭、看護和小阿姨的兒子，但是她知道一切都是暫時的，她早晚會熬過最艱難的這幾個月。沒過幾天，愛琳的爸爸出院了，小阿姨在家幫忙買菜、煮飯，倒也過得有趣。在老公的支持下，愛琳順利完成公司的專案，獲得升職加薪的機會，她相信一切都會變得更好的。

對於如此混亂的生活，如果愛琳沒有及時調整好情緒，任由情緒繼續發酵，事情一定會變得更加糟糕。還好她及時求助心理醫生，獲得了最好的解決方案，寧願把所有薪水都給家人用，也要照顧好父母的生活起居，同時也能兼顧自己的工作，最終圓滿地度過這段難熬的日子。

人到了中年，上有老、下有小是必然的。如何在兼顧工作的情況下照顧好父母，也照顧好另一半和孩子，是每一位職場女性都需要思考的問題，而故事中的愛琳把生活和工作平衡得很好，也如願的達到她的目標。

一個人在人生中是否是贏家，並非單純看他擁有了多少，也要看他留住了多少。很多人每天都忙著賺錢，不但沒有時間陪伴父母，更沒有時間陪伴孩子，最終窮得只剩下錢，這就不能算是人生贏家。唯有兼顧好各個方面，在人生中擁有更多的親情、友情和愛

情，同時竭盡所能提高生活品質，才是真正的人生贏家。

　　要想讓情緒如同衣櫃一樣，始終保持整潔和清爽，就要學會及時整理情緒，絕不讓情緒問題肆意堆積。記住，我們的幸福快樂源自於我們的內心，而不是取決於外在的事物。從現在開始，就讓我們成為命運的主宰，也成為人生的贏家吧！

你所謂的焦慮，不過是對未來的一種恐懼

遠離受害者心態，走出心裡的陰霾

在生活中無論遇到順境還是逆境，我們一定要以積極的心態面對，這樣才有可能等到轉機的到來。用積極的心態面對生活中的不順，其實正是我們現代人應有的生活態度。遇到倒楣的事情時，如果我們能夠以積極樂觀的心態面對，好運也許會隨之而來，快樂也會伴隨而來。

給人生加把勁，勇於嘗試挑戰

人生就是這樣充滿苦澀與無奈，錯過的事情就再也無法回頭。每當回憶的時候，你會發現自己遺憾的，只是那些從未努力去做過的事情，而絕不會是曾經勇敢嘗試過後的事情。縱使當時的勇敢嘗試以失敗而告終，但只不過在人生裡增添了一個光榮的經歷，以及排除了一個新的選項而已。可能你會因為失敗而懊惱一陣子，但是絕不會因為未曾嘗試而遺憾一輩子。

拿破崙．希爾曾經說過這麼一段名言：「如果現在的你很貧窮，那麼你應該靜下心來思考幾個問題——第一，你為什麼貧窮？第二，你想脫離貧窮並且變得富有嗎？第三，你覺得自己應該怎樣做，才能讓自己變得富有呢？」

這三個問題最關鍵的就是解決第三個問題，而這也說明：人生中一切的問題，都總歸為該如何行動。

依稀記得讀國中的時候，成為一位作家一直是我的夢想。為此，我也在學習之餘，每晚都熬夜創作。有一天，班導師把我叫到辦公室，對我說：「學校成立了一個演講社團，每個班都需要推薦一名同學加入，我們班準備推薦你加入，你有沒有興趣參加？」年

幼的我一想到之後可能要在全校師生前演講，羞怯與不安立刻浮上了心頭，於是我猛地搖頭向班導表示拒絕，我說：「這……老師，我沒辦法在全校師生的面前演講，而且演講稿一定是要高水準的，我雖然愛好寫作，但是我的文筆還遠遠沒有達到那種程度，老師，你還是另找班上其它文筆更好的同學吧。」

老師看我拒絕便問我：「你不是喜歡寫作並夢想能夠成為一位作家嗎？現在有這麼好的機會，你為什麼要拒絕呢？」可惜年幼的我並不明白，很多機會一旦失去了，就再也沒有了這種磨練的機會。而且也一直認為自己還很年輕，等到我文筆水準提高了，我再參加這種活動豈不是更好？於是，我思考片刻，給了老師一個「冠冕堂皇」的理由：「老師，我覺得這和我的夢想是兩回事，我的確愛好寫作並且夢想成為作家，但是我覺得自己目前的文筆水準，還沒到達能夠代表整個班級的程度。班級裡很多同學的寫作水準都比我高，相較之下，我覺得我自己沒有資格成為演講社團中的一員，我不能因為我自己的夢想，而霸佔其他同學也想要的好機會。」

就這樣，年幼的我拒絕了原本可以屬於自己的機會。此後的每個週一，聽到其他同學參差不齊的演講，自己都會為當初的拒絕而後悔。

其實機會來臨的時候，你硬著頭皮上去做了也就做了，不管結果好壞，至少你不用因為從未去嘗試而後悔。

生活中總是會遇到很多眼界狹小的人，他們領著固定的工資，卻總是不斷地抱怨，抱怨自己的工作很辛苦、生活很艱辛，抱怨上

司多難相處與不滿同事的快速晉升，卻唯獨不會反省自己是否夠認真、夠努力。

　　而生活中的強者們卻極少抱怨，並不是他們從未有過這些煩惱，只是時間寶貴、人生苦短，與其浪費時間抱怨，不如將所有的時間都用來努力衝刺。當你努力往前你會發現，生活中值得你去抱怨的人與事已變得越來越少。

　　我們不是生活在童話世界裡，每一個目標的達成，不僅需要我們擁有智慧的頭腦和勤勞的雙手，更需要我們擁有堅定的決心。而只有勇於嘗試，才可能最終獲得成功。如果只是因為膽怯，而放不下自己的重重顧慮，永遠待在舒適圈裡，人生必定是無聊且寂寞的。唯有勇敢嘗試一下之後，你才會發現很多時候，你不逼自己一下，就永遠都不知道自己的潛力有多強大。或許你害怕失敗，害怕原有的穩定生活被打破，害怕一切未知的變數與無法預知的風險，但是，這並不是你裹足不前的理由。勇敢地邁出嘗試的第一步，你會發現，其實一切都沒有想像中的那麼可怕。即便真的失敗了，大不了從頭再來。**既然人生已經糟糕到你想要去改變的地步，還有什麼是你輸不起的呢？**

　　時間對於每個人都是絕對公平的，有人勇於嘗試，將生活過成自己理想的模樣；有人一遇到挑戰就停滯不前，最終只能在原地踏步，最終被時代淘汰。這兩種顯而易見的結局，你會怎麼選擇呢？不要總是感嘆人生的不公平，既然我們無法改變過去、改變現實，又何必浪費更多的時間在這上面呢？所以當你有想法的時候，當你想要改變命運的時候，當你想要重新書寫人生的時候，勇敢地給自

己一個嘗試的機會，積極地面對任何可能存在的挑戰。

　　苦澀的人生是需要付出辛勞和汗水的，而既然已經付出了，不妨再給自己的人生加把勁，勇敢嘗試，給自己一個新的選項，成就更好的人生。

用積極樂觀的態度來淹沒那些不幸

我有一次外出搭計程車,一坐進車裡,便感覺到這位司機是一位極為樂觀的人,因為司機大哥偶爾邊開車邊吹口哨,並播放流行的歌曲。我看他心情如此愉快,便羨慕地對他說:「大哥今天的心情真好呀!」

司機先生笑著說:「當然了,我每天都是如此呀,為什麼會心情不好呢?」

我微笑著回應道:「是呀!不過,你不會遇到令你心情糟糕的事情嗎?」

司機先生接著說:「苦悶不幸的事情經常會有,但是我發現,若因此情緒低落或是憤怒暴躁,不但於事無補,也對自己和事情一點好處都沒有,何況可能有轉機出現啊!」

「這怎麼講呢?」我好奇地問道。

司機便講起來自己親身經歷的事情,「那天早上,我也是這樣照常開車出門,心裡想著上班時間,可以多載幾個客人,但是非常不幸的是,我的車子還沒有開出來多久便爆胎了。正值寒冬,我的心情簡直糟糕透了。我只能拿出工具箱自己換輪胎,但是天氣惡

224

劣，吹著很大的風，我費了半天力氣也沒辦法換好。」司機先生故意停頓了一下，接著說：「這時候，事情便出現了轉機，有輛卡車停在了路邊，卡車司機從車上跳下來幫助我，而且完全不用我動手，他便很熟練地把輪胎換好了。我心裡非常感激，想要給他些紅包時，他微笑地婉拒了，就跳上車子離開了。」

說到這裡，司機笑著：「正是這位陌生的卡車司機，讓我心情有了極大的轉變，我相信人不可能一直處於倒楣的狀態。我頓時心情大好，而且好運似乎也隨著我的好心情接二連三地發生，那天早上生意比平時多出了一倍，客人一個接一個載不停呢！所以，當遇到麻煩時，我總是對自己說：不必再心煩了，馬上就會出現轉機的，生活不會永遠都停在不順之中。」

生活中的事情就是如此，不會什麼事情都永遠停留在不順之中的，與其悲觀失望，不如樂觀面對，給自己一些積極的心理暗示，這樣就能夠使自己充滿自信地去處理事情，也更能迎來轉機。

一位芭蕾舞演員，因為長期辛苦的訓練使腳都變形了，大家都為她感到惋惜，她如此曼妙的身材卻有一雙如此醜陋的腳。她卻笑著說：「一穿上這雙舞鞋，我根本無法停下來。這雙腳越醜陋，就越代表我離成功不遠了。」最終，她憑藉自己的毅力，成為世界上頂級的芭蕾舞演員。

這位芭蕾舞演員正是因為擁有了積極的心態，最終才使自己登上了成功的殿堂。由此可見，積極的心態確實能夠改變人的不幸際遇。

許多人經常會說：「如果當時再重來一次，我肯定不會那麼悲觀、失望了，我一定會以樂觀的心態面對。」但是永遠不會有第二次選擇的機會，我們可以轉身去看，卻永遠不能回到過去。我們應該以積極的心態面對所遇到的麻煩，麻煩就像我們過去遭受的不幸一樣，終究會出現轉機的。

在漫長的人生歲月中，每個人多少會遇到一些令人不快的情況或麻煩的事情。在這個時候，與其悲傷難過，不如樂觀地接受它、適應它。這樣就可以**用積極樂觀來淹沒那些不幸，最終將這種不幸轉變為一種幸運的事情**。

不要讓一時的不如意困住你的心情，笑一笑，以樂觀的心態面對，你就會發現，天大的問題終究有解決的方法，再大的困難終究也會成為自己一筆巨大的精神財富。

活在當下，
握在手上的幸福才是最真實的

　　如果說人生是一場旅行的話，那麼在這趟旅行中，要抱持一顆無所畏懼的心，才能慢慢地爬上人生最高峰，看到別人看不到的風景。如果我總是停滯不前，被眼前的風景所吸引，就一定看不到遠處更美好的風景，那除了遺憾就只有遺憾了。

　　生活中有很多人，朝著自己所設定的目標前進，但他們的目標卻是仿照別人的生活模式，這讓他們時時刻刻都無法放鬆。經過時間流逝，等到回過頭來的時候，自己的青春早已不再，生命中最美麗的時光已經被他們錯過了。

　　薩伊特34歲就當上了副市長，可以說是一位官運亨通的人。不過，他所管理的城市卻因為一場火災帶來嚴重的傷亡，因此他被免職了，那一年他成為副市長只有3年。薩伊特被免職以後，一些地位十分顯赫的朋友，有高官、富豪和大財團的董事等等，他們一談及薩伊特時，紛紛扼腕嘆息，認為薩伊特被免職一定很痛苦，至少會來求他們幫忙。誰也沒想到，被免職的薩伊特很淡定地回到了家鄉，開始過著平民的生活。

　　薩伊特在自家的院子裡有一塊小菜園，種了各種蔬菜，日子過得也是很悠哉。閒暇的時候薩伊特就在村子小巷裡散步，或到各地收集一些陶器古玩，這是他日常的愛好。在鄉村生活的薩伊特感覺很舒服，不用去理會他人的意見，不用羨慕別人的生活方式，只要簡單過日子就好。

　　薩伊特憑藉自己的知識和才能，在古董收藏方面累積了很多經驗。幾年過去，他家裡的收藏品中，就有幾十件是世界頂級的珍品，前來想向他買賣古董的人蜂擁而至。薩伊特的古董買賣做得有聲有色，每一筆生意都高達上千萬美元。有人問薩依特，為什麼可以在古董買賣上有如此大的成就，薩伊特回答說，其實答案並不難，好好地做自己，別去羨慕那些不屬於自己的生活，只要清靜地過日子，就很容易讓自己沉澱下來，可以細心地去鑑別珍寶。

　　很多人在生活當中感到十分不安，原因很簡單，因為自己會被他人的生活模式所干擾。總是會羨慕別人的生活，因此變得混亂和迷茫。與其羨慕別人的生活、失去自我，不如過好自己的生活，讓自己平靜悠然地過好每一天。

　　常有人說：「美好的風景在別處」，這句話實際上包含了對未來的一種幻想。渴望改變現有的生活狀態自然情有可原，也沒有太大的過錯，只是如果只重視未來，卻放棄了對現有美好的珍視，那就有點得不償失了。

　　當自己還是剛入職的新人時，每天一大早趕公車上班，忙碌地工作和生活，那時候的願望就是希望能有一個睡到自然醒的假日罷

了，只想在家耍廢一天。但是那時候的自己是否想過，正當自己幻想著能不能過得更好的時候，有多少人正羨慕著我衣食無憂的日子。

當自己已經成為老練的職場人時，想法也就變得越來越多了，自己也不願像從前一樣，把主管的命令當聖旨。現在總是會想跳槽，換更好的工作，甚至還幻想自己有一天也能成為命令他人的主管，光是用想的就覺得好興奮。只是你是否想過，就算可以命令自己的下屬，但你若不是最高的管理者，也是永遠會受到頂頭上司的施壓！

或許有人會反駁，若成為最高管理層，應該不需要再承受這種壓力。這種想法顯然有所偏頗，事實上不是每一個人都可以成為最高管理層中的一員。即便當上了最高管理層，也不是什麼壓力都沒有，他們也有自己的難題。世界上從來沒有免費的午餐，老闆所付出的每一筆薪水，當然都希望獲得物超所值的回報。可想而知，位居最高管理層的人，他們的工作壓力是多大，因為他們所承受的壓力，是和他們所拿到的薪水成正比的。

所以當上了最高管理層，難道就是你的目標嗎？所謂不在其位不謀其政，沒當上老闆之前，自然是不會明白當老闆所承擔的風險有多大。

因此，握在自己手上的幸福才是最真實的。

無論如何，現在的生活狀態，對於每個人來說都是現實中擁有的，每個人都要對此有知足的心態，暫時放下對別處風景的幻想

吧！每個人都有一片屬於自己的天空，有自己的快樂和幸福，用不著去思考他人的生活方式有多優秀，只要你不愧對當下的時間，才是最好的追求。

把失敗看得越重，它越會找上你

人生是怎樣的一種經歷？借用俄國作家車爾尼雪夫斯基的一番話，來回答這個問題：「歷史的道路不是涅瓦大街上的人行道，它完全是在田野中前進的，有時穿越塵埃，有時穿越泥濘，有時橫渡沼澤，有時行經叢林。」

無論是出於主觀因素還是客觀因素，人都是會犯錯的，失敗和挫折是不可避免的產物。從這個意義上來看，沒有誰比誰幸運，現實總是充滿坎坷的，關鍵在於面對這道坎的時候，你是什麼樣的態度。

拿破崙•希爾曾經這樣解釋過人生的逆境：「**那種經常被視為是失敗的事，只不過是暫時性的挫折而已。這種暫時性的挫折實際上就是一種幸福，因為它會使我們振作起來，促使我們調整自己努力的方向，使我們向著更美好的方向前進。**」

有一個很著名的案例——瓦倫達心態。作為世界最偉大的高空雜技演員世家，瓦倫達家族的每一位表演者都有著精湛的技藝。在20世紀70年代早期，70多歲的卡爾•瓦倫達說，他的生活就像是走鋼絲，所有的一切都是機遇與挑戰。

他對目標的專注以及決策能力讓人心生敬意，但是在一次對他來說意義十分重大的走鋼絲表演時，瓦倫達出現了重大失誤，從波多黎各的聖約安市的兩個建築物之間跌落下來，而不幸身亡。他的妻子在事後接受採訪時，悲傷地說：「我猜想他必定會出事，因為他在上場之前，一直念著：『這次演出太重要了，我必須成功，不能失敗。』在以前的表演，他並不會關心成敗，而這次他太看重成敗了，所以出了事。」

後來，心理學家就將這種過分擔心結局的心態稱為「瓦倫達心態」，而這種心態也影響了很多人的表現。

失敗與挫折可以摧毀一個人的夢想，甚至可以擊垮一個人。對絕望的人來說，失敗就是一座墳墓。然而，失敗並不可怕，可怕的是絕望，以及因絕望而放棄努力。沒有一條河流會永遠波濤洶湧，也沒有一條道路會永遠坎坷泥濘，**只要你相信眼前的挫折也一定會有一線希望，擁有良好的心態，不輕易低頭和服輸，那麼失敗與挫折就是你播種時最肥沃的土壤。**

汽車大王亨利•福特，曾經面臨巨大的失敗與挫折，但他沒有逃避，最終反敗為勝。1903年，亨利•福特開始獨立生產汽車，到了1908年，他便推出了第一批有名的T型轎車，銷售立刻席捲全美汽車市場。往後的19年間，他大量生產此種T型車，不再有任何其他的創意與改進。到了1926年，在低價位市場中，福特最強硬的對手雪佛蘭卻推出一批新型、舒適且馬力更強的車子，外型不但新穎，而且色彩亮麗。與那批老舊又清一色純黑的T型車相比，簡直

是天壤之別，亨利•福特開始遭受汽車市場的巨大挑戰。

　　強硬對手雪佛蘭上市後，人們就馬上喜歡上這種新穎、舒適、馬力又強的轎車。直線下滑的銷售量讓亨利•福特大傷腦筋，看著遙遙領先的雪佛蘭，他不得不承認，福特真的完全沒有競爭力。許多專家們也預測，在汽車業中，福特再也追趕不上雪佛蘭了，畢竟整個公司的營運情況每況愈下，一如其他小型企業，成功只是曇花一現而已。這些專家在預測時似乎未將亨利•福特個人的特質一併估算進去，他的確失去了市場，正遭逢空前危機，然而離「失敗」還差得遠呢！至少他個人並不打算認輸。

　　1927年春天，亨利•福特關掉了自己的工廠。儘管之前他曾一再聲明要推出新型車，然而福特工廠「倒閉」的謠傳仍然不斷。有人說亨利•福特的工廠不可能再開張了，甚至還有人斷言，即便他再度開張，所推出的新車，也不過是T型車的翻版，不可能再有新的創意。

　　到了1927年12月，亨利•福特以實際行動證實他重整旗鼓的決心，推出了新款A型車，這回不論在外型、動力及售價方面，都比雪佛蘭更勝一籌。這款車型立刻在汽車市場中引起巨大迴響，因此亨利•福特再創佳績，贏回大眾的目光。

　　沒有頑強的抗壓能力，就沒有亨利•福特的轉敗為勝。亨利•福特之所以能夠東山再起、再創佳績，就是因為他承受失敗的能力非同一般，並在失敗與挫折中不斷增強自己的智慧、勇氣、信心和力量，進而走出困境、邁向成功。

　　在我們的人生中，失敗就像一面無形的牆，常常讓我們防不勝防。在面對失敗時，我們不應在進與退之間計較得失、猶豫徘徊，更不應該選擇逃避。因為逃避會消磨人的意志，弱化人的勇氣，淡化人的理智。久而久之，逃避會成為讓我們感到安定卻消磨意志的包袱，這也意味著我們將向失敗低頭。我們應該不斷增強抗壓能力，要能夠愈挫愈勇、迎難而上，理直氣壯地面對失敗。只有這樣，我們才能打開成功的大門。

事情本身不會傷害人，
傷害你的是你看事情的角度

從以前我就很愛登山，在攀登不同的高山時，我有著不同的感觸，同樣的事物、不同的角度，會顯現不同的風景。

每次登山回家後，都有很多的感慨。我們對事物產生某種希望或者恐懼，是因為事物往往會以各種情形出現，從不顧及我們的感受，也不會迎合我們的希望。外部的環境容不得我們選擇，但是對外部環境的反應卻可以由我們自己決定。

面對一個問題、一件事情，我們抱著樂於接受現實的態度，努力地尋找它存在的益處。這樣我們才能更好地接受現實，才能換一種角度去思考問題，進而解決問題。

有一次去朋友家做客，一進門就看到她在客廳教兒子，他們的對話很有趣：

「兒子，不要把辛苦看成辛苦，也不要把困難看成困難。」

「那要把它們看成什麼呢？」兒子問。

「把它們看作你平時最愛玩的電動裡那些怪獸，當它來的時候，你不要怕，你只需要打敗它們！你甚至可以想：『耶，又有新

的關卡了。』你玩遊戲的時候，不是越大的怪獸越感到刺激嗎？」

「如果我打不過它們，失敗了怎麼辦？」兒子問。

「那又有什麼關係呢？你平常玩遊戲時，失敗了不是會重新再玩一次嗎？」

看著她兒子似懂非懂地點點頭，然後出門玩耍去了。我笑著說：「現在你成教育學專家了啊，這教育的方式，很先進耶。」

她哈哈一笑說：「你不是常說有問題多看書嗎！我在書中偶然看到的故事，就現學現賣！」

雖然朋友教育孩子的故事是現學現賣，但我很佩服她。現在有多少家長願意教孩子如何正確地看待失敗，教孩子面對失敗時該有的心態。

其實不止是孩子，我們成年人也是一樣，如果能轉化一下想法，把眼前的辛苦當作一場遊戲，這樣我們便不會煩惱、不再鬱悶、不再傷心，而是會給自己勇氣和機會。

我在旅遊時遇到一位朋友，她是一個女作家。她喜歡四處旅遊，去尋找靈感，希望能夠讓自己作品更與眾不同。

有一次，我們來到一個小村莊體驗生活，晚上在一對夫婦家借宿。女主人看到她一個女孩子來到這種偏僻的地方，很同情她並說：「你一個女生，這樣漫無目的地旅遊，也太辛苦了吧，為什麼不好好找個安穩的工作呢？」

女作家聽到後，微笑著說：「我不覺得辛苦啊！這樣四處玩，每天都會遇到不同的人、看到不同的風景，我覺得很快樂。能夠這

樣一直旅遊，就是我的夢想，我現在感到很快樂！」

女作家很樂觀，她懂得把事物往好的一面去看。而那個女主人雖然是好心，但相對來講就顯得思想狹隘，只看到事情壞的一面。

其實，好與壞都帶有強烈的主觀色彩，而兩種看法會產生截然不同的結果，悲觀的想法會導致壞的結果，樂觀的思維則會帶來好的結局。如果前者不能積極地的看待事物，那麼遇到困難也就很難找到方法迎刃而解，那麼他的日子也是灰暗的。後者由於懂得在不利的事情中，看到裡面某些優勢，能分辨出其存在的價值，就能吸取教訓，使事情往美好的方向發展。

該怎麼看待事物，該如何面對問題，相信大家的心裡已經有答案了。

Orange Life 30

成年人的世界裡，誰不是帶著傷口奔跑

―― 那些殺不死你的，都會讓你更堅強

作者　李世強

作　　　者	李世強	
總 編 輯	于筱芬	CAROL YU, Editor-in-Chief
副總編輯	謝穎昇	EASON HSIEH, Deputy Editor-in-Chief
業務經理	陳順龍	SHUNLONG CHEN, Sales Manager
美術設計	楊雅屏	Yang Yaping
製版／印刷／裝訂	皇甫彩藝印刷股份有限公司	

本作品中文繁體版通過成都天鳶文化傳播有限公司代理，
經北京宏泰恒信文化傳播有限公司授予橙實文化有限公司出版獨家發行，
非經書面同意，不得以任何形式，任意重製轉載。

―― **出版發行** ――

橙實文化有限公司 CHENG SHIH Publishing Co., Ltd
ADD／桃園市中壢區永昌路147號2樓
2F., No. 147, Yongchang Rd., Zhongli Dist., Taoyuan City 320014,
Taiwan（R.O.C.）
MAIL: orangestylish@gmail.com
粉絲團 https://www.facebook.com/OrangeStylish/

―― **全球總經銷** ――

聯合發行股份有限公司
ADD／新北市新店區寶橋路235巷弄6弄6號2樓
TEL／（886）2-2917-8022　FAX／（886）2-2915-8614
初版日期 2024年1月